CASAMENTO
MISSÃO IMPOSSÍVEL?

Pr. Roberto Caputo

CASAMENTO
MISSÃO IMPOSSÍVEL?

SÓ PARA HOMENS

Ágape
AMOR INCONDICIONAL

São Paulo 2011

Copyright © 2011 by Pr. Roberto Caputo

PRODUÇÃO EDITORIAL	Equipe Ágape
DIAGRAMAÇÃO	Andréa Menezes
ILUSTRAÇÕES	Fábio Monteiro
CAPA	Adriano de Souza
REVISÃO	Prof. Aldir Rodrigues Leite/ Eliane Delgado Caputo Lucas Cartaxo

Texto de acordo com as normas do Novo Acordo Ortográfico da Língua Portuguesa (Decreto Legislativo nº 54, de 1995)

Dados Internacionais de Catalogação na Publicação (CIP)
(Câmara Brasileira do Livro, SP, Brasil)

Caputo, Roberto
    Casamento: missão impossível só para homens / Roberto Caputo. -- -- São Paulo: Ágape, 2011.

    1. Casamento – Aspectos religiosos – Cristianismo 2. Homens – Vida religiosa 3. Homem-mulher – Relacionamento – Aspecto religioso – Cristianismo I. Título

11-11508   CDD-248.8436

Índices para catálogo sistemático:

1. Homens: Casamento: Aspectos religiosos
   Cristianismo   248.8436

2011
Publicado com autorização. Nenhuma parte desta publicação pode ser reproduzida sem a devida autorização da Editora.
EDITORA ÁGAPE
Al. Araguaia, 2190 - 11º andar – Conj. 1112
CEP 06455-000 - Barueri - SP
Tel. (11) 3699-7107 Fax. (11) 2321-5099
www.editoraagape.com.br

DEDICATÓRIAS

À minha esposa, bênção na minha vida e ministério, que caminha sempre comigo a despeito de qualquer situação e que tem me apoiado integralmente. Suas palavras de sabedoria sempre me inspiram e seu amor me acalenta, e aos nossos filhos, que sempre torceram por mim e não medem esforços para me abençoar.

À Irmã Maria Ester, serva fiel, exemplo de testemunho e de fé, evangelista incansável e mãe incomparável.
Seu incentivo e palavras de ânimo me levaram a prosseguir mesmo em momentos de grande dor e desespero. Sua persistência em olhar apenas para as promessas de Deus e em confiar no Seu amor não me permitiu sequer cogitar em desistir no meio da caminhada. A ela o meu carinho, respeito, honra e amor.
À minha mãe.
(In memoriam)

AGRADECIMENTOS

Em primeiro lugar, sempre, a Deus, pois sem Ele, nenhuma frase deste livro poderia ser escrita.
À minha esposa por seu incentivo, apoio e amor.
E aos amigos e familiares que contribuíram para a elaboração desta obra direta ou indiretamente.

A Deus toda a Glória!!!

SUMÁRIO

PREFÁCIO 11

INTRODUÇÃO 13

CAPÍTULO 1
   Quem ela pensa que é? 15

CAPÍTULO 2
   Romântico? Eu? Fala Sério!!! 23

CAPÍTULO 3
   Você é sensível? 33

CAPÍTULO 4
   Modéstia à parte, na cama eu sou mais eu!!! 41

CAPÍTULO 5
   Chefe ou Sacerdote? 59

CAPÍTULO 6
   Agora o assunto é dinheiro 67

CAPÍTULO 7
E quando a opinião dela é diferente?................................81

CAPÍTULO 8
Eu não sou ciumento não... Só tento cuidar dela!!! 87

CAPÍTULO 9
Verdade!!! Eu não queria traí-la, mas fui fraco e................95

CAPÍTULO 10
Só para os noivos..111

CONCLUSÃO 121

CAPÍTULO BÔNUS
Socorro!!! Minha mulher contratou
um marido de aluguel!!!...123

PREFÁCIO

Os DIAS ATUAIS têm se caracterizado pela inversão de muitos valores. É certo que as circunstâncias têm exigido uma participação mais ativa de ambos os cônjuges, não só em relação às tarefas comuns do lar, como também no seu sustento e criação de filhos, razão por que as mulheres deixaram os aventais de lado, trocando-os pelas pastas e papéis da turbulenta vida empresarial.

Isso não me assusta e nem me contraria, até porque não vejo as mulheres como concorrentes. Pelo contrário, reconhecendo a sua competência, percebo que com o espaço que lhes foi dado, podem verdadeiramente demonstrar a sua capacidade, já preconizada há muitos anos pelo sábio Salomão ao discorrer sobre "a mulher virtuosa", no último capítulo (31) do livro de Provérbios.

O que de fato tem me assustado é o desconhecimento por parte dos homens modernos do seu papel no casamento e vida familiar. Se por um lado desequilibram o relacionamento conjugal, omitindo-se de uma participação mais ativa e parceria nas tarefas comuns do lar, por outro lado, exacerbam em seu papel de líderes, afastando-se do princípio bíblico de que, como cabeça do lar, lhes é exigido o amor pela consorte, da mesma forma como "Cristo amou a Igreja e por ela Se entregou".

Se os consortes não entendem e/ou não assumem seus verdadeiros papéis no *Casamento*, este verdadeiramente se torna uma *Missão Impossível!*

Visando auxiliar os noivos e futuros maridos a bem exercerem o seu papel nesta relação, o Pr. Roberto Caputo nos oferece este livro, escrito, particularmente, *"Só para Homens"*. Entretanto, se alguma "curiosa" o ler, com certeza concordará que foi escrito com isenção e bom senso, firmado nos princípios da palavra de Deus.

Que a sua leitura possa redundar em bênçãos na vida de muitos casais, tornando seu relacionamento uma parceria aprazível e duradoura.

Benoni Kraul de Miranda Pinto
Pastor Presidente da Comunidade Evangélica Jesus Vive

INTRODUÇÃO

Desde pequeno eu escuto a expressão: **"... entre o homem e a mulher quem manda é o homem"**.

Na igreja, a expressão muda um pouco, mas, para alguns homens o sentido é o mesmo. **"... meu irmão, a Bíblia diz que a mulher deve ser submissa ao marido"**.

Será que a palavra de Deus está dizendo que nós, homens, temos direitos, aos quais as mulheres são obrigadas a atender? Será, também, que elas não conseguem entender qual o seu verdadeiro lugar dentro do casamento, segundo o que diz a palavra de Deus?

Bem, é exatamente esta questão que queremos abordar neste livro. Não sou nenhum "expert" no assunto, mas quando colocamos a palavra de Deus como nosso manual de orientação e conduta, quando o nosso sincero desejo é agradar o coração de Deus e quando permitimos que o Espírito Santo quebrante o nosso coração a fim de que possamos crescer um pouco mais, segundo a Sua vontade, então, inevitavelmente, milagres acontecem dentro de um casamento que talvez possa estar à beira do abismo.

Quero sugerir ao amado leitor que, antes de continuar esta leitura, feche o livro por um instante e tenha um momento na presença de Deus, pedindo-Lhe que fale ao seu coração tudo quanto você precisa ouvir.

Por favor, desarme-se de qualquer preconceito e permita ao Espírito Santo fazer a grande obra que há muito tempo Ele tem desejado realizar em você. Amém!?

Que Deus o abençoe e lhe mostre o maravilhoso marido que existe dentro de você, talvez escondido, mas certamente o homem que sua esposa sempre desejou ter ao seu lado e que, até agora, ainda não conheceu, mas que após a leitura deste livro, espero, ela e você passem a conhecê-lo.

O autor

CAPÍTULO 1

QUEM ELA PENSA QUE É?

Em seu livro *Mulher Única*, Edwin Louis Cole e sua esposa Nancy Corbett Cole narram, na abertura do primeiro capítulo, um fato muito interessante que aconteceu em uma de suas conferências. A mulher que tinha a responsabilidade de apresentá-lo ao auditório iniciou contando antes uma pequena história. Ela disse:

Deus criou a luz e disse:
— *Posso fazer melhor.*
Então criou os mundos. Depois Ele disse:
— *Posso fazer melhor.*
Então criou os animais. Olhou os animais e disse novamente:
— *Posso fazer melhor.*
Então criou o homem. Depois Deus viu tudo o que tinha feito e, mais uma vez, disse:
— *Posso fazer melhor.*
E então criou a mulher. Aí Deus descansou porque já não havia nada melhor para ser criado.

Talvez a pergunta correta não seja "Quem ela pensa que é?", mas, sim, o que Deus pensava quando planejou colocar ao nosso lado este ser de cabelos finos e compridos (ou não), pele delicada, unhas grandes, corpo delineado, que uma vez por mês fica meio choroso, irritadiço, ou, como no caso de algumas, até mesmo intratável, e que é sensível o suficiente para se derramar em lágrimas ao receber um simples bombom de presente.

Qual a visão de Deus em relação à mulher?

Bem... Em Gênesis 2:18 lemos o seguinte:

> *Disse mais o Senhor Deus: Não é bom que o homem esteja só: far-lhe-ei uma ajudadora que lhe seja idônea.*

Percebemos que Deus vê a mulher ao lado do homem e não abaixo, como pensam alguns ser o seu lugar. Deus nos deu uma ajudadora, alguém que está disposta a caminhar junto, seja num lindo dia de sol ou mesmo quando a tempestade insiste em permanecer sobre nós.

Não sei se você já reparou, mas nós, homens, temos uma tendência enorme para nos colocarmos na posição de competição, combate e rivalidade em relação às mulheres. Será que algum dia você já não declarou para sua esposa algo como: **"Vocês mulheres são todas iguais!"** ou qualquer coisa do tipo?

Repare que, quando você declara isso, imediatamente se levanta uma muralha entre você e sua esposa. Do lado de cá da muralha estamos nós, os fantásticos, perfeitos e insuperáveis seres humanos do sexo masculino, e do lado de lá, o "grande inimigo", as mulheres; detalhe: sua esposa está no meio delas.

Se permitirmos que o nosso relacionamento chegue a este ponto, certamente estaremos muito distantes do propósito de Deus, lembra? "... **ajudadora que nos seja idônea**".

Certa vez, quando ministrávamos a um casal que estava passando por dificuldades no casamento, perguntei ao marido, olhando para sua esposa: *"meu irmão, diga-me uma coisa com sinceridade; você casou com ela ou contra ela?"*.

Talvez você possa me ajudar, pois não consigo encontrar em minha Bíblia o texto que diz que o homem sempre terá razão sobre a mulher. Você pode até discordar, mas a verdade é que Deus nos deu como ajudadora uma pessoa que é mais sensível do que nós, que consegue ter uma visão muitas vezes mais ampla do que a nossa.

Infelizmente, em nossa cultura machista, somos ensinados desde pequenos que o homem é quem manda e que a mulher foi criada para cozinhar, cuidar da casa e dos filhos. Quando você perceber o tremendo presente que Deus lhe deu, sua vida, como um todo, dará um salto gigantesco para frente.

O título deste capítulo é "Quem ela pensa que é?", mas eu quero lhe fazer uma pergunta, e, por favor, seja sincero ao respondê-la:

O que **VOCÊ** pensa que ela é?

O que ela representa em sua vida?

Que lugar você tem lhe dado? Ou será que até agora você não lhe deu nenhum, com medo de perder espaço ou o controle?

Talvez no seu coração haja o receio de que, se deixá-la participar mais das decisões, estar mais junto de você, de igual para igual, isto possa parecer a ela um sinal de fraqueza da sua parte.

Com certeza este é mais um grande engano, pois, como dissemos no início, o plano de Deus para a mulher é que ela esteja ao nosso lado; nem atrás, nem na frente, mas ao lado. Qualquer posição diferente desta está fora da vontade de Deus.

Não se preocupe, meu irmão, pois Deus também designou para nós um lugar dentro do casamento, e este lugar é o de sacerdote, mas trataremos desse assunto mais adiante.

O que vejo agora é a necessidade de se restabelecer o padrão de Deus dentro do casamento. Onde não existe "o mais importante e o menos importante", "o principal e o secundário", "o chefe e o subordinado", "o patrão e o empregado", mas, sim, onde... **Os dois são uma só carne e um só espírito no Senhor.**

> *Portanto deixará o homem o seu pai e a sua mãe, e unir-se-á à sua mulher, e serão os dois uma só carne.*
> *Gênesis 2:24*

É exatamente isso o que Deus planejou. Que você e ela sejam uma só carne, o que não quer dizer que Deus esteja falando apenas da relação sexual, mas de algo muito maior, muito mais amplo.

Ser uma só carne é ser um só ser, um só coração, onde a dor dela é a minha dor, onde os projetos dela são os meus projetos, onde a alegria dela é a minha alegria, onde a enfermidade dela gera dor em mim e vice-versa. Quando sou uma só carne com a minha esposa, tudo o que se relaciona com a sua vida afeta diretamente a minha.

Quando somos uma só carne, segundo os princípios de Deus, ela não esconde absolutamente nada de mim, porque sabe, seja qual for a situação que estiver vivendo, que certamente eu me importo, me interesso e vou querer participar de algum modo.

"Quem ela pensa que é?"

Bem, segundo diz a palavra de Deus, ela deveria ser parte de você, já que, como ordena o Senhor, os dois devem ser um... ou não?

"Toda mulher necessita de amor e valorização para satisfazer seu senso de singularidade. Se uma mulher é valorizada apenas pelo seu corpo e não por ser quem é como pessoa, o resultado pode ser trágico."

(Edwin Cole em seu livro *Mulher Única*)

Enquanto os homens se preocupam mais com a posição que ocupam dentro do casamento, não percebem que com a mulher que têm ao seu lado poderão ter uma posição mais elevada, não apenas no casamento, mas na própria vida como um todo.

Quando o homem entende que a mulher com quem casou tem por objetivo maior ser feliz e fazer feliz quem a faz feliz, ele passa a desfrutar de um melhor relacionamento de cumplicidade, amizade, companheirismo, amor, sexo, etc., convergente para um alvo comum, que é o crescimento mútuo, como casal e como indivíduos.

Até onde eu sei, toda mulher sente um orgulho muito grande do marido que cresce na vida, seja no profissional, no pessoal, ou em qualquer outra área, contanto que ela participe direta ou indiretamente desse processo e tenha o seu valor reconhecido por ele.

Trabalho ao lado de alguns homens que, quando se referem às suas esposas, falam como de algo ou de alguém que lhes é extremamente desagradável. Fazem citações pejorativas a respeito delas e demonstram profunda irritação quando comentam alguma coisa que elas tenham dito a eles, dando a entender que elas não têm suficiente capacidade intelectual para expressarem sua opinião pessoal em relação a um determinado assunto.

Outro dia ouvi de um deles uma enraivecida queixa pelo fato de sua mulher cobrar uma maior presença do marido em casa. Ele disse:

"Ela me enche a paciência. Fica de 'ti ti ti' na minha cabeça. Não aguento mais!!!"

Mas, na verdade, quem não está percebendo o que está acontecendo é ele. Ele não percebeu que esta cobrança é um grito por socorro. Ele não percebeu que ela está sentindo-se só e abandonada. Que ela não está sentindo-se valorizada e importante na vida do marido, ou pior, que ela até mesmo pode estar sentindo-se desnecessária em sua vida, e isso é um grande perigo.

É muito importante sabermos qual o nosso papel dentro do casamento, mas, tanto quanto, é importante sabermos qual o papel do outro e também respeitarmos e valorizarmos esse papel.

Se você não tem medo de quem sua esposa é, ou do que possa vir a ser, abra espaço para ela ser alguém. Deixe Deus usá-la em sua vida. Principalmente, deixe-a perceber que a tem como prioridade e que as opiniões dela contam muito para você.

Muitos atritos que acontecem hoje em seu casamento se dão tão somente pelo fato de você não saber quem ela é em sua totalidade e isso, na verdade, o assusta. Então, com medo, você tenta sufocá-la dentro de si mesma, para que não cresça e venha a se tornar uma ameaça a você e ao seu "domínio" pessoal.

Deixe-me dizer-lhe algo. Você não precisa temer nada. Ela é a expressão do amor de Deus por você. Foi ela que Deus colocou ao seu lado para ajudá-lo na missão que você tem a cumprir.

Na verdade, não importa muito quem ela pensa que é, porém, o que mais importa é quem ela é na verdade para você e que espaço ela tem ocupado em sua vida e em seu coração.

O que acha uma esposa acha o bem e alcançou a benevolência do Senhor.
Provérbios 18:22

CAPÍTULO 2

ROMÂNTICO? EU? FALA SÉRIO!!!

– Mozinho, não consigo imaginar minha vida sem você, sem o teu cheirinho, esses teus olhinhos que parecem duas jabuticabas, a tua pele que é suave como um pêssego. Na verdade, você tem preenchido todos os espaços do meu pensamento e com você minha vida ganhou um novo colorido.

Te amo, tchutchuquinha,
Seu fofinho.

TALVEZ VOCÊ ESTEJA PENSANDO quão ridícula é tal declaração e que jamais seria capaz de "pagar um mico" tão grande. Mas será que alguma vez você já não falou algo parecido? Será que alguma vez você já não se permitiu ser "ridículo" em nome do amor?

Na verdade, no início do casamento, todos somos dotados de uma ingenuidade abençoada. Por que eu digo isto? Porque, movidos por essa ingenuidade, somos capazes de abrir o nosso coração sem medo de sermos julgados, censurados ou rejeitados. E neste momento, temos um desejo intenso de revelar à nossa amada tudo aquilo que está dentro de nós.

Escolhemos as melhores palavras, queremos impressionar. Não há reservas, não há dúvidas, não há limites. Temos apenas um forte ímpeto para demonstrar todo o nosso amor.

Sabe o que é isto? Isto é romantismo. Ser romântico nada mais é do que ser sincero consigo mesmo e com quem se ama.

Hoje tenho constatado, com profundo pesar, que cada vez mais os homens têm se tornado menos românticos. Têm escolhido deixar de ser sinceros com seus sentimentos e têm adotado posturas racionais, lógicas e muitas vezes insensíveis.

Muitas mulheres, que eu e minha esposa temos atendido em aconselhamentos, apresentam-nos, como uma das grandes queixas, a falta de romantismo ou de sensibilidade de seus maridos.

É possível que você já saiba disto, mas, mesmo assim, quero lembrar-lhe de algo. Nós, homens, somos racionais, lógicos, práticos. Para nós 1+1 é igual a 2, e não há a menor possibilidade de ser diferente disto.

O mundo nos empurra para esta praticidade. Precisamos correr atrás do dinheiro, do sustento, não há tempo para dar atenção a outras coisas menores.

Tempo, como dizem, é dinheiro, e precisamos ganhar dinheiro. Neste ponto eu lhe pergunto: Para quê? E você talvez me responda: *"Ora, que pergunta! Para o sustento e o bem estar de minha família; enfim, para sua felicidade"*.

É isso! É exatamente isso! Você tocou no ponto chave. A partir de um determinado momento em nosso caminho, a partir de um determinado ponto em nosso casamento, vestimos a capa de **provedores** e não a tiramos mais, e acreditamos que o que mais a nossa família precisa é de tudo aquilo que o dinheiro pode comprar. Esquecemo-nos dos bens que são infinitamente mais valiosos e vitalmente necessários para a nossa esposa e nossos filhos, e que não custam um centavo sequer, quais sejam, amor, carinho, atenção, tempo para conversar com a mulher, tempo para brincar com o filho, tempo para ser marido, tempo para ser pai.

Não é muito o que eles precisam, mas mesmo esse pouco, às vezes, deixamos passar por entre os dedos, e quando percebemos, um está dormindo no quarto e o outro na sala, o café da manhã, quando ainda existe, passa a ser tomado em profundo silêncio. Os diálogos passam a ser desenvolvidos por monossílabos e o casamento, infelizmente, já está destruído.

Eu creio que há uma ordem de valores instituída por Deus que devemos seguir para que tudo corra bem. Vamos observá-la agora.

A palavra de Deus nos diz:

> *Buscai, pois, em primeiro lugar, o reino de Deus e a sua justiça, e todas estas coisas vos serão acrescentadas.*
> *Mateus 6:33*

Deus tem de estar em primeiro lugar sobre todas as coisas em nossa vida, assim como a Sua justiça, ou seja, a Sua palavra em nós.

Então, no casamento não é diferente, Deus tem de estar em primeiro lugar. Bom, se Deus vem em primeiro, quem vem em segundo? Talvez você responda; "Meus filhos, pois eles são o que de mais valioso eu tenho na vida". Lamento lhe dizer, mas há um equívoco aí. Tudo bem, eu sei que você ama muito a seus filhos, mas eles não estariam aqui se não fosse por sua esposa. Então, aqui na Terra, sua mulher deve ter o primeiro lugar em sua vida. E o que é dar o primeiro lugar à esposa? Será que é fazer todas as suas vontades? Comprar tudo o que ela quiser? Endividar-se todo para satisfazer os seus desejos?

Certamente que não, mas temos uma direção clara na palavra de Deus sobre este assunto.

> *Igualmente vós, maridos, coabitai com elas com entendimento, **dando honra à mulher**, como vaso mais fraco; como sendo vós os seus co-herdeiros da graça de vida; para que não sejam impedidas as vossas orações.*
> *I Pedro 3:7 (grifo do autor)*

O que vem a ser dar honra à mulher? Deixe-me dar-lhe um exemplo. Quando você está no meio de uma animada conversa com os amigos e sua esposa pede-lhe que você os deixe por um momento, pois ela precisa falar-lhe, qual a sua atitude? O que você lhe responde?

"Ah! Sim, querida, só um instante, já estou indo".

E a *"querida"* fica esperando um, dois, três, quatro ou mais *"instantes"* até que tenha a sua solicitação atendida.

Certamente, nesta situação, a mulher não está sendo honrada.

Ela tem de ter, com exceção de Deus, é claro, a nossa primazia. Devemos honrá-la todo o tempo. Devemos fazê-la saber e sentir que em nossa vida ela ocupa o primeiro lugar.

Alguns homens reclamam comigo que não têm recebido de suas esposas aquilo que eles julgam ser o seu direito. Então eu lhes pergunto quem está em primeiro lugar em suas vidas, e como todos são "muito espirituais" logo respondem, com toda a convicção de que marcaram um ponto, que é o Senhor, achando que estou me referindo a Deus. Mas quando digo que é óbvio que Deus tem de estar em primeiro lugar e que não estou me referindo a Ele, mas, sim, a quem depois d'Ele estaria em primeiro lugar, aí a coisa complica, porque alguns não sabem o que responder, se a mãe, se o cachorro, se os filhos, se a mulher, se o papagaio...

Nosso machismo, muitas vezes, nos leva a pensar que, se dermos muito "cartaz" à nossa esposa, seremos rotulados de "capachos da mulher", "otários" ou qualquer outra coisa. Há uma mesma reclamação, que eu pude perceber, em cada mulher que já atendemos.

Um dos maiores desejos do seu coração, senão o maior, é o de sentir e de ter a certeza de que é a primeira no coração de seu marido.

Claro que não estou me referindo à primeira entre outras mulheres, mas a primeira sobre todas as outras coisas na vida do marido.

Quando a mulher recebe de seu marido a honra acerca da qual a palavra de Deus fala, quando ela sabe que na hora em que se dirigir a ele terá da sua parte toda a atenção necessária e que ele é capaz de dizer a seus amigos através desta atitude: *"Vocês precisam esperar, porque minha esposa tem prioridade em minha vida e eu sei honrá-la sempre que necessário"*, então ela é, certamente, uma mulher realizada.

É isto que muitas vezes impede que alguns homens sejam um pouco mais românticos. Eles têm medo de ser verdadeiros. Têm medo de amar. Têm medo de mostrar ao mundo o que eles têm dentro de si. Têm medo de serem zombados, criticados, invejados, ou qualquer outra coisa. Na verdade, há tantos medos que muitos deixam de viver sua verdade para viver a mentira dos outros.

Entre tantas coisas que eu já disse até aqui, há algo que gostaria que ficasse gravado com fogo no seu coração. *"Quem ela pensa que é?..."* Ela é aquela que acreditou em viver um sonho ao seu lado. Ela é aquela que muitas vezes renunciou a desejos pessoais para te agradar. Ela é aquela que lhe deu filhos lindos, não se importando com as deformações que o seu corpo sofreria para gerá-los. E se por acaso vocês não têm filhos, ela é aquela que tem caminhado com você todo este tempo e até aqui não desistiu e nem desanimou, pelo contrário, é sempre quem levanta os seus olhos quando estes insistem em olhar para o chão. E tudo isto ela faz porque deseja ser importante na sua vida, por que deseja ocupar o lugar que é dela. Então ame a sua mulher, dê a ela, sem medo, o primeiro lugar; mais do que isso, faça-a sentir-se primeira na sua vida em todo o tempo. Enfim, dê a ela a HONRA que lhe é devida.

Pare agora neste ponto da leitura e responda a si mesmo se você sabe qual o presente que sacudiria, que mexeria, que transtornaria (no bom sentido) todo o ser de sua esposa. Permita-me ajudá-lo?

Talvez o que você esteja neste exato momento tentando descobrir para responder a esta pergunta, é do que a sua esposa mais estaria precisando agora, não é verdade? Quem sabe uma máquina de lavar novinha em folha, um DVD, uma televisão LCD de 34 polegadas. Ah! Já sei, um carro novo, isto com certeza irá mexer com ela. Mais do que isso só um anel de ouro branco com um diamante solitário.

Olhe, não fique chateado, mas é exatamente aí que nós, homens, erramos. Porque de novo estamos agindo com o intelecto e não com o coração, não com a alma. Sabe o que a sua esposa deseja receber de você? E eu garanto que mesmo sem conhecê-la pessoalmente sei o que ela deseja. O que ela mais deseja receber de suas mãos não é aquilo que depende do seu bolso, mas sim o que está no seu coração. Lembra-se da *"ingenuidade abençoada"?* Sua inspiração deve vir dela. Quer uma sugestão? Que tal se ela, ao levantar-se de manhã para lavar o rosto, encontrar um bombom (não esqueça que tem de ser DIET) preso no espelho do banheiro por uma fita adesiva, tendo abaixo apenas uma inscrição, talvez feita até mesmo com o batom dela, dizendo "te amo", ou alguma outra declaração que ela saiba ter vindo do fundo do seu coração e não de algum livro escrito "Só para Homens"?.

Meu irmão, neste dia você deve ligar para o trabalho avisando que, provavelmente, irá se atrasar e se prepare para tomar um café da manhã, certamente, "muito especial".

Mas pode ser que você seja um homem que nunca aprendeu a ser romântico e não sabe nem por onde começar. Amado, não se preocupe, pois ainda que você não saiba, o romantismo está aí dentro. Quero, porém, lhe indicar um professor de romantismo, que tem todas as dicas para você. Sabe, foi ele quem ensinou e inspirou a um amigo meu, chamado Salomão, a escrever um livro cheio de poesias de amor chamado *Cânticos dos cânticos*. O nome deste amigo? Espírito Santo.

Há um texto na palavra de Deus, no Livro dos Salmos, capítulo 127, verso 1, que diz o seguinte: *"Se o Senhor não edificar a casa, em vão trabalham os que nela edificam...".*

Creia, o Espírito Santo de Deus lhe dará toda a inspiração necessária para abençoar sua esposa e seu casamento.

Muitas vezes pensamos que temos de conduzir sozinhos nosso casamento, e o pensamento de que podemos vir a falhar às vezes nos é aterrorizante. Mas não se esqueça nunca de que é o

Senhor quem constrói a casa e de que Ele é o arquiteto e o engenheiro. Que materiais de construção você precisa para a sua casa? Amor, paciência, domínio próprio, perseverança, mansidão, ou o que mais? Pois saiba que Deus tem tudo isto e muito mais para lhe dar. Basta se aproximar d'Ele crendo que Ele o ama e que vai abençoá-lo.

> *De fato, sem fé é impossível agradar a Deus, porquanto é necessário que aquele que se aproxima de Deus creia que Ele existe e que se torna galardoador dos que o buscam.*
> Hebreus 11:6

Às vezes pensamos que temos de dizer algo bem bonito para que nossa esposa possa dar valor, mas é exatamente o contrário, pois o que tem mais valor não é necessariamente aquilo que é semanticamente bonito, mas, sim, aquilo que é perfeitamente sincero.

Você é capaz de arrancar lágrimas de felicidade dela dizendo-lhe tão somente que não consegue expressar com palavras o que está dentro de você. Isto é ser sincero, isto é ser verdadeiro, isto vale mais do que mil diamantes.

Se você quiser uma dica para saber como se tornar alguém romântico, aí vai:

1º) Certifique-se de que não há alguém por perto.

2º) Certifique-se de que vocês dois estão sozinhos (no quarto, na cozinha, no banheiro, no carro, embaixo da cama, dentro do armário, não importa onde, mas, sozinhos).

3º) Agora pense em algo bem meloso para falar no ouvido dela.

4º) Pensou? O que você pensou é algo tremendo? Tem certeza de que esta frase vai arrebentar com o coração dela? OK! Então agora esqueça todas as três primeiras dicas que eu lhe dei e preste atenção apenas na última e mais importante de todas.

5º) *Não planeje dizer nada, apenas abra o seu coração e deixe-o transbordar. Não importa quem esteja perto. Se for algo que há muito tempo precisa ser dito e ainda não foi, vá*

em frente, este é o momento. Permita que ela conheça o amor que está aí dentro, o qual, em alguns momentos, ela tem dúvidas se ainda existe. Mostre-lhe que está errada e que este amor ainda está vivo como nunca.

Por fim, não se preocupe em ser romântico, deixe que o seu coração seja romântico por você.

Porque a boca fala do que o coração está cheio.
Lucas 6:45

CAPÍTULO 3

VOCÊ É SENSÍVEL?

"Quando minha mãe me batia eu sempre chorava, e ela ainda me chama de insensível?"

Por favor, não se ofenda, mas quando pergunto se você é sensível, certamente esta pergunta não está relacionada às condições de suas glândulas lacrimais, ou, falando claramente, não estou perguntando se você é um homem que chora muito ou pouco.

Na verdade, este é um dos pontos em que muitos casamentos tropeçam e alguns, infelizmente, caem – ou, por que não dizer, desabam.

Eu perdi o número de vezes em que ouvi de mulheres a seguinte queixa: "Meu marido é um insensível!!!"

O que será que as leva a declarar algo tão forte? Será que sua esposa pensa isso a seu respeito? Se ela pensa, por que será?

Vamos refletir em algo bem prático por um momento? Vamos pensar no segredo de um cofre. Sabe aquele negócio de 24 para esquerda, 18 para direita e 35 para esquerda? (ops! Desculpe-me se dei o segredo do seu cofre, garanto que eu não sabia que era esse. Bom, meu eu sei que não é, pois nem cofre eu tenho).

Mas vamos voltar ao que interessa. Voltando ao cofre, o do exemplo, perceba que ele só abrirá quando a combinação for girada perfeitamente, caso contrário, não será possível abri-lo. E o que acontece quando giramos a combinação da forma correta? As engrenagens vão se alinhando uma a uma até que, finalmente, a tranca está desimpedida para abrir.

Sabe? Eu creio que a sensibilidade da mulher está para a do homem como a combinação de um cofre.

Quando não conseguimos alinhar nossas sensibilidades, o cofre continua fechado. Qual cofre? O do coração, o do diálogo, o do carinho, o da admiração, o do respeito, etc...

"Muito bem, seu sabichão, já que você sabe tudo, então como que eu posso alcançar este nível de sensibilidade que minha mulher diz que eu não tenho?"

(Este é você falando, indignado com o autor deste livro que, no caso, sou eu.)

Bem, como eu já falei em mais de duzentos países e para mais de dois milhões de casais, talvez eu possa responder a sua pergunta (rsrsrsrsrs). Claro que estou brincando, foi só para descontrair.

Na verdade, essa pergunta está no coração de muitos homens. Hoje tenho ouvido de alguns homens declarações como: *"Eu não sei o que ela quer."*. Ou *"Eu já fiz de tudo; o que mais ela quer que eu faça?"*. E por aí vai.

Sei também que há muitas outras colocações, mas o espaço deste livro não seria suficiente para colocá-las.

Como já vimos no capítulo anterior, nós homens somos lógicos, somos práticos, lembra-se? 1+1 é igual a 2 e pronto. É... Você pode estar certo, mas na questão da sensibilidade, 1+1 normalmente é diferente de 2.

Como assim? Deixe-me tentar lhe explicar.

Na guerra, uma das estratégias para se vencer uma batalha é conhecer a mente do inimigo, saber como ele pensa e assim prever os seus movimentos.

O casamento é algo semelhante, guardadas as devidas proporções, é claro, pois do seu lado não está uma inimiga, mas, sim, a mulher com a qual hoje você é uma só carne. Mas a estratégia é a mesma. Você precisa aprender a conhecer a mente de sua esposa. Você precisa aprender a olhar com os olhos dela e a sentir com o coração dela.

Por exemplo, certamente você já reparou que quando sua esposa tem que sair com você para um casamento, uma festa ou para a igreja, ela leva alguns preciosos minutos, ou em alguns casos "excepcionais", horas para escolher a roupa com a qual o coração dela estará em paz e o seu, finalmente, também.

É neste ponto que a sensibilidade feminina, oculta dentro de você em algum lugar, deve se manifestar.

Em primeiro lugar, você precisa ter paciência, esperar e, em alguns casos, até orar para que ela encontre a roupa que vai fazê-la sentir-se bem.

Em segundo, você precisa entender que quando sua mulher se veste, ela o faz para agradar a duas pessoas somente. Uma, a ela mesma, pois a mulher precisa gostar de si mesma para poder amar alguém. Mas não fique preocupado, pois a outra pessoa que ela está profundamente interessada em agradar é você.

Agora sou eu que pergunto: quantas vezes, após ela terminar todo o seu ritual de escolha de roupa e preparação do visual, você disse para ela.

"Meu amor, linda desse jeito, sou obrigado a mudar o programa desta noite para dentro deste quarto pelas próximas horas".

Isto é ser sensível, é um prêmio para ela e um reconhecimento por sua parte do esforço que ela fez para agradar os seus olhos e para lhe dar orgulho pela mulher que você tem.

A sensibilidade do homem não pode estar apenas ligada ao vestuário feminino, porque esta é apenas uma das muitas facetas de um casamento às quais devemos estar atentos.

Temos ouvido, nos aconselhamentos, muitas esposas declararem: *"Não preciso dizer a ele o que fazer, será que ele não está vendo?".*

Esta é uma fala muito comum às mulheres. Por serem naturalmente mais sensíveis do que nós, muitas não podem conceber que os homens não tenham a mesma percepção das coisas que elas têm.

Conheço o caso de uma esposa que ficou sem falar com o marido por uma semana apenas pelo fato de ele não ter lavado a louça que estava na pia. No entender dela, se ele viu a louça na pia, obviamente deveria ter tomado a atitude de resolver aquela situação. E isto se aplica às várias áreas na vida do casal.

Sei que você, meu leitor, assim como eu, muitas vezes não consegue perceber a urgência de algumas situações e que, se não age naquele momento, certamente não é por maldade ou negligência, mas por não ter desenvolvido, ainda, sua sensibilidade em relação a essas coisas.

Uma das estratégias que considero útil para solucionar essa questão é a disciplina. Às vezes é necessário até mesmo escrever bilhetes para nós mesmos, na agenda, no espelho do banheiro, na mesa do escritório, colocar no celular, ou seja, nos lugares em que sempre estamos no nosso dia a dia, lembrando-nos de coisas como, por exemplo: *"não esqueça de levar o lixo para fora"*; *"É preciso conversar com o síndico sobre o condomínio atrasado"*, ou ainda, *"mantenha o seu quarto ou canto da bagunça constantemente arrumado; não deixe isso para ela fazer"*. (Todo homem tem um quarto ou canto da casa onde guarda um monte de coisas que acha que um dia vai precisar.)

Antecipe-se. Esteja um passo à frente. Por exemplo, se você for ao mercado sozinho e lembrar-se de que ela havia comentado no dia anterior que estava para ficar menstruada, antecipe-se e compre o absorvente que ela está acostumada a usar. Se você ainda não aprendeu qual a marca e modelo de absorvente que ela usa, então está atrasado.

Esta é uma das coisas que o marido deve saber e nas quais deve se envolver em relação à vida de sua esposa.

Se você passou e viu o lixo acumulado, imediatamente leve-o para fora. Não diga para si mesmo: *"Depois eu vou tirar o lixo"*, faça isso logo, antecipe-se. O desagradável é ter que ouvir a esposa nos lembrar que deveríamos ter levado o lixo pra fora. Certamente esta é uma boa estratégia; então, amigo, antecipe-se sempre.

Na verdade, a sensibilidade passa por várias áreas. Temos de ter sensibilidade para ficar em silêncio, quando a circunstância não pede que palavras sejam ditas.

Temos de ser sensíveis para apenas abraçá-la, se é apenas isso que ela precisa naquele momento.

Devemos orar para que Deus nos ensine a sermos sensíveis.

Um dos elementos do fruto do Espírito descrito na palavra de Deus é o domínio próprio. E ele só se manifestará se tivermos o Espírito Santo vivendo em nós.

Eu e você precisamos muito deste componente em nossas vidas, pois quantas vezes um olhar, uma palavra dita fora de tempo, uma atitude precipitada, movida por um impulso emocional, podem provocar dor e sofrimento à nossa esposa? Faltou-nos o domínio próprio.

Se você reconhece que não tem sido sensível o suficiente junto à sua esposa, então peça ao Espírito Santo de Deus que lhe ensine isso. Peça-Lhe que ministre isto em você.

Você também pode aprender muito com ela, olhando-a nos olhos, pois eles falam muito e podem nos ensinar muito também.

Outra coisa que você também pode fazer é perguntar à sua esposa, num papo franco e informal, em que áreas ela acha que você precisa ser mais sensível, e, por favor, se você for corajoso o suficiente para perguntar, não receba o que ela disser como acusação, mas seja sensível para perceber que tudo o que for colocado, na verdade, é uma grande oportunidade de crescimento de Deus pra você.

Eu tenho certeza de que você não desperdiçará essa oportunidade.

Portanto, e para isso, que Deus o abençoe!

> *Igualmente vós, maridos, coabitai com elas com entendimento, dando honra à mulher, como vaso mais fraco; como sendo vós os seus co-herdeiros da graça da vida; para que não sejam impedidas as vossas orações.*
> I Pedro 3:7

CAPÍTULO 4

MODÉSTIA À PARTE, NA CAMA EU SOU MAIS EU!!!

"E aí, meu amor... foi bom pra você?"

BEM, VAMOS TRATAR DE um assunto que é muito pouco abordado em nossas igrejas e em nossos púlpitos, mas que é de extrema importância ser conhecido à luz da palavra de Deus, para que haja bênção no leito conjugal e este seja *"um leito sem mácula"*.

Não tenho a menor pretensão de lhe ensinar como se relacionar com sua esposa, mas gostaria de conversar sobre este assunto para juntos refletirmos, conforme a palavra de Deus nos ensina, como estamos nesta área do casamento, que, sem dúvida, é uma das mais importantes na vida conjugal. E, a propósito, juridicamente o casamento não existe se o ato sexual não for consumado.

Quero então começar fazendo-lhe uma pergunta. Que nota, de 1 a 10, você daria a si mesmo pelo seu desempenho sexual? Por favor, seja sincero consigo mesmo... O quê? Tudo isso?

Agora, gostaria que você pensasse em algo: que nota, de 1 a 10, será que **ela** lhe daria? Não tente responder.

Não vamos falar aqui sobre técnicas ou coisa parecida, isso é muito pessoal, mas vamos ver o que a Bíblia diz a este respeito. Se você não sabia, a palavra de Deus nos dá toda a orientação para uma vida sexual abençoada.

Veja o que o apóstolo Paulo diz.

> *Mas, por causa da prostituição, cada um tenha a sua própria mulher, e cada uma tenha o seu próprio marido.*
> *I Colossensses 7:2*

O homem que é infiel dá direito legal a Satanás de se intrometer no seu casamento e tentar destruí-lo. Há, porém, alguns homens que não têm, necessariamente, mulheres fora de casa e nem têm nenhum caso extraconjugal, mas quando se relacionam com sua esposa ao mesmo tempo também se relacionam com várias mulheres, porque suas mentes estão impregnadas do lixo que eles têm recolhido em revistas masculinas, *sites* pornográficos e filmes, ou mesmo na rua.

Homens que, quando estão na cama com suas esposas, seus corpos mantêm ali, mas na verdade as suas mentes e corações estão com outra mulher.

Quando Paulo fala que cada um tenha a sua própria mulher, por causa da prostituição, ele está falando da forma integral. O verbo ter, aqui aplicado, não é no sentido de posse, mas no sentido de unidade, de comunhão e de fidelidade.

Quando você se relaciona com sua esposa pensando na atriz da televisão que posou nua, na colega de trabalho que tem se insinuado para você ou em outra mulher qualquer, você pode até achar que a sua nota por seu desempenho deve ser muito alta, mas para ela, que quando se relaciona com você, nunca o faz só com seu corpo porém, muito mais, com o seu coração... pois bem, para ela, saiba, a sua nota não será tão boa assim, porque o que há de mais precioso em você ela não tem recebido, mas, sim, uma outra mulher recebe.

> *Seja bendito o teu manancial, e alegra-te com a mulher da tua mocidade. Como cerva amorosa, e gazela graciosa, os seus seios te saciem todo o tempo;* **e pelo seu amor sejas atraído perpetuamente.**
> *E porque, filho meu, te deixarias atrair por outra mulher, e te abraçarias ao peito de uma estranha? Eis que os caminhos do homem estão perante os olhos do Senhor, e ele pesa todas as suas veredas.*
> Provérbios 5:18-21 (grifo do autor)

Você deve ser atraído durante toda a sua vida pelo amor de sua esposa. Seu compromisso com ela, feito diante de Deus no altar, é perpétuo.

Infelizmente, hoje em dia as novelas, os filmes e a mídia passam a ideia de que o casamento é algo ultrapassado e que não vale mais a pena ser vivido.

Já reparou como alguns artistas ou pessoas da mídia, quando falam sobre seus relacionamentos, falam como se estes fossem eternos? Mas, após alguns meses, às vezes, até dias, esses relacionamentos terminam e se tornam matéria da capa de revistas especializadas em falar da vida alheia.

Em muitos desses casos, no dia seguinte já se vê o homem com outra mulher e a mulher com outro homem. E mais uma vez declaram que estão felizes como nunca.

Você raramente lê nessas revistas a respeito de artistas que tentaram o suicídio, ou que tomaram uma overdose de drogas, ou mesmo, que estão em profunda depressão ou com síndrome do pânico.

Tenho um conhecido que trabalha em uma das emissoras de TV de nosso país e que tem conhecimento de alguns desses fatos que acabei de mencionar, mas nenhum deles foi noticiado.

Estas são as pessoas que condenam o compromisso do casamento. Pessoas que rejeitam estar compromissadas com alguém pelo resto de suas vidas, mas, ao mesmo tempo, vivem procurando alguém que possa preencher o vazio afetivo de seus corações.

É agradável ao Senhor que o homem seja fiel e obediente à Sua palavra.

Temos de nos lembrar sempre de que não são apenas os nossos caminhos que estão perante os olhos do Senhor – mas o rei Davi nos dá uma lição.

> *Senhor, Tu me sondas e me conheces. Tu sabes o meu assentar e o meu levantar;* **de longe conheces todos os meus pensamentos**.
> *Salmo 139: 1,2 (grifo do autor)*

Esse homem que divide o seu coração com outras mulheres tem a falsa convicção de que só ele sabe disso.

Sua mente viaja nas fantasias que ele cria, mas a palavra de Deus diz que *"... de longe Deus conhece todos os meus pensamentos"*.

E no livro de Jeremias o Senhor nos diz:

> *Eu, o SENHOR, esquadrinho o coração e provo os pensamentos; e isto para dar a cada um segundo os seus caminhos e segundo o fruto das suas ações.*
> Jeremias 17:10

Amado, pense seriamente no que vou dizer-lhe agora. Se quando você está se relacionando com sua esposa, o seu pensamento estiver em outra mulher, há alguém bem em frente a você, olhando pra você e dizendo: **"Eu sei em quem você está pensando"**. Esse alguém é Deus.

Há um texto na palavra de Deus que diz o seguinte:

> *O que acha uma esposa acha o bem e alcançou a benevolência do Senhor.*
> Prov. 18:22.

Você consegue perceber a dimensão disso?

Você e eu fomos alcançados pela benevolência do Senhor. A mulher que está ao meu lado na minha cama, assim como a mulher que está ao seu lado na sua cama, são presentes de Deus.

Caso você seja um homem sozinho no momento, creia, não o será por muito tempo, pois a benevolência do Senhor também o alcançará. Experimente orar em cima desta palavra de Provérbios.

Podemos então perceber que a primeira condição para que um relacionamento sexual seja uma bênção é que na cama, na mente e no coração só deve haver lugar para marido e mulher, e para mais ninguém.

Mas o apóstolo Paulo continua, e no verso 3 ele fala: *"O marido conceda à esposa o que lhe é devido, e também, semelhantemente, a esposa ao marido."*

E em Efésios 5:25: *"Maridos, amai vossas mulheres, como também Cristo amou a igreja, e a si mesmo se entregou por ela."*

O que será que o marido deve à sua esposa e vice-versa? Certamente, aquilo que Cristo deu à igreja, ou seja, o amor.

Não sei se você gosta de cozinhar, eu gosto, e pela misericórdia do Senhor consigo até fazer alguns pratos gostosos. Mas eu quero chamar a sua atenção para algo específico.

Quando eu vou para a cozinha fazer alguma coisa, sinceramente, eu vou com muito prazer. Primeiro porque para mim é como um *hobby*, um passatempo, e sempre me esmero em fazer o melhor para minha família, quero dizer, faço com muito amor, e não estou me referindo a um determinado tempero que é anunciado nas propagandas da TV, mas sim ao tempero que Deus tem nos dado para com ele temperarmos tudo quanto fizermos na vida, ou seja, o amor.

Eu entendo que o segundo e mais importante ingrediente na esfera humana para um relacionamento sexual abençoado, depois da fidelidade, é o amor. Repare que o texto diz *"... como Cristo amou a igreja e a si mesmo se entregou por ela"*.

O verdadeiro amor nos motiva a sermos doadores, abençoadores. A desejar o bem do outro em primeiro lugar, até mesmo em detrimento do nosso bem.

Eu quero citar logo o próximo verso do apóstolo Paulo na carta à igreja de Corinto, pois tem tudo a ver com o que estamos tratando aqui. Verso 4:

"A mulher não tem poder sobre o seu próprio corpo, e, sim, o marido; e também, semelhantemente, o marido não tem poder sobre o seu próprio corpo, e, sim, a mulher".

Você pode estar pensando *"Viu, pastor, o corpo dela é todo meu, e é a Bíblia quem diz"*.

Bem, é verdade que a Bíblia diz que você tem poder sobre o corpo dela, mas, por acaso, você já parou para meditar no que a palavra de Deus quer dizer com isso? Será que esta declaração de Paulo foi uma declaração estritamente carnal? Vamos ouvir o que outro apóstolo nos fala, de certa forma, acerca do mesmo assunto.

> *Igualmente vós, maridos, coabitai com elas com entendimento, dando honra à mulher, como vaso mais fraco; como sendo vós os seus co-herdeiros da graça de vida; para que não sejam impedidas as vossas orações.*
> *I Pedro 3.7*

O que eu entendo com isso, meu irmão, é que Deus nos tem dado não a posse do corpo de nossa esposa, mas a responsabilidade de cuidar dele, em todos os sentidos. E no que tange ao assunto de que trata este capítulo, entendo que é minha responsabilidade proporcionar à minha esposa todo o prazer que eu puder lhe dar.

A vaidade masculina, tantas vezes presente no momento da relação, obscurece o entendimento, a sensibilidade e o amor do homem. Tenho certeza de que as mulheres concordarão em coro comigo quando afirmo que uma das perguntas que elas mais odeiam que os homens façam após a relação é a tão conhecida: **"E aí, querida, foi bom pra você?"** ou então, **"Pode falar, amor, foi tremendo não?"** ou qualquer coisa egoisticamente parecida.

Não sei se alguma vez você já fez uma pergunta semelhante para sua esposa. Se já fez, não se ofenda, mas isso prova o grau de insegurança que existe no seu relacionamento sexual.

Depois que li o texto de Paulo aos Coríntios e o Espírito Santo me deu discernimento sobre este assunto, meu relacionamento conjugal deu uma guinada de 180°.

Quando você se empenha em fazer sua esposa feliz, quando seu objetivo é dar-lhe o maior prazer possível, e, por favor, meu irmão, não venha me dizer que você está escandalizado com o que estou dizendo, pois se Deus não quisesse que tivéssemos prazer, não teria dado ao homem e à mulher o orgasmo. Precisamos entender de uma vez por todas que o sexo é um presente de Deus para a humanidade, e que presentão, heim!!!

Bom, onde eu estava mesmo? Ah! Sim,... O maior prazer possível. Você não vai precisar perguntar a ela se foi bom ou se você foi tremendo. Basta observar esta mulher nos dias seguintes. Suas atitudes lhe darão a resposta.

Pedro nos admoesta a coabitarmos com nossas esposas com entendimento e lhe dando honra. Às vezes achamos que o que a nossa mulher deseja de nós é que tenhamos um desempenho fantástico, mas quero lhe dizer que você está redondamente enganado.

Infelizmente, é quase incontável o número de mulheres, principalmente cristãs, que só conhecem o orgasmo de ouvir falar, que nunca tiveram prazer uma vez sequer na vida conjugal. Por quê? Alguma vez você já se preocupou com isso?

Alguns homens estão tão preocupados em provar que não são como os outros na cama, mas que são excepcionais, que se esquecem da necessidade de suas esposas. Não têm preocupação com o que elas estão sentindo, se é que estão sentindo alguma coisa.

Desde adolescente eu escuto narrativas de colegas de escola e, mais tarde, de colegas de faculdade ou mesmo do trabalho, acerca de como foram fantásticos em suas aventuras sexuais. Mas, o mais impressionante é que, enquanto alguns narravam suas experiências com prostitutas ou mulheres com as quais eles "ficaram" numa festa, outros narravam as mesmas aventuras que tiveram com suas esposas, como se estivessem falando de uma escova de sapatos.

Muitos homens perderam completamente a percepção do valor de suas esposas, mães de seus filhos, as quais, muitas vezes, têm renunciado a si mesmas e aos seus desejos, tão somente para agradar a seus maridos.

Muitos tratam suas esposas exatamente como eu falei, como uma escova de sapatos que se usa bastante e quando se acha que não serve mais, joga-se fora e arruma-se outra mais nova.

Sei que não estou falando nada novo, nada que você não saiba. Por outro lado, existe a situação dos homens que se referem às esposas como *"a mãe de meus filhos"*, e, por entenderem que não podem fazer com elas na cama algumas coisas que desejam, então, "justificadamente", procuram outras mulheres para realizarem seus desejos sexuais, causando, assim, grande frustração no seu casamento.

Entenda que não estou me referindo a desejos pervertidos, mas a formas mais íntimas de relacionamento.

Muitas vezes o homem não tem a noção de que sua esposa, a "mãe de seus filhos", tem os mesmos desejos sexuais. Ele não sabe que uma das coisas que ela mais deseja é ter um relacionamento bem mais íntimo e, quem sabe, bem mais quente também com seu marido.

Então, homens que se consideram inteligentes e espertos caem no conto mais antigo de Satanás, que sempre chega dizendo: *"Olha só, tenho pra você uma mulher muito melhor que a sua. Muito mais quente, mais bonita e que vai te fazer ir à Lua. Que tal, hein?"*

É verdade, muitos desses homens têm ido à Lua, mas de lá vão direto para o fundo do poço, com o casamento destruído, quando não adquirem uma doença sexualmente transmissível ou então não passam a vergonha de serem vistos por conhecidos entrando ou saindo de um motel com outra mulher.

Assim como o casamento começa na cama, muitos, também, têm terminado nela.

Conheço a história de um casal cujo marido abandonou o lar e a família por causa de outra mulher, e, ao sair de casa, para tentar diminuir a sua culpa, acusou a mulher de ser fria na cama e de não lhe dar prazer. Ele não tinha, apesar de ser membro de uma igreja evangélica, conhecimento da palavra de Deus. Ele não tinha a consciência da responsabilidade que Deus havia lhe dado de cuidar do corpo de sua esposa, em todos os sentidos, inclusive, o de lhe proporcionar muito prazer, e este é um dos grandes equívocos que alguns homens cometem.

Pensam que só a mulher é que tem que lhes dar prazer. Acreditam que se eles conseguem alcançar o orgasmo, automaticamente sua mulher também o alcançou, e, na verdade, não é assim que a coisa funciona.

Nós, homens, somos extremamente excitados pelo que vemos. Se nossa esposa colocar uma camisola transparente nova, uma calcinha sensual, isso mexe extremamente conosco. Quase que imediatamente alcançamos a ereção e o nosso desejo fica intensamente aguçado. E é neste estágio que, muitas vezes, perdemos o fio da meada, pois não conseguimos perceber que ela se vestiu assim para nós, com o desejo de despertar em nós não apenas o desejo sexual, mas, juntamente com ele, o carinho, o amor, a sensibilidade, ou seja, todo um conjunto que tornará aquela noite mais uma noite especial.

Mas, ao invés disso, vamos com muita sede direto ao pote e, apressados, pomos fim a uma noite que tinha tudo para ser fantástica, e o mais irônico é que ainda achamos que nós é que fomos fantásticos.

Quando você for presenteado por sua esposa com a visão de uma *lingerie* nova, de um ambiente previamente preparado por ela, de um quarto à meia luz, lençóis novos e perfumados, aproveite tudo isto para começar um namoro que, talvez, há muito tempo você não tenha tido com ela, e, com muita calma e sem nenhuma pressa, diga-lhe o que sente por ela, o que ela significa para você. Faça-lhe aquela declaração de amor. Não se preocupe em ser ou não ridículo. Neste momento tudo o que ela deseja de você é receber o que está dentro do seu coração, para que quando, finalmente, vocês se unirem em seus corpos, este momento seja o ápice de tudo o que vocês construíram nos momentos anteriores.

Assim como nós somos estimulados com o que vemos, na mesma intensidade, ou mais, nossa esposa é estimulada com o que ouve de nós e com os carinhos que lhe damos, seja por palavras ou pelo toque.

Se você quer ter ao seu lado uma mulher extremamente amorosa, seja amoroso com ela. Seja carinhoso, não tenha pressa, deixe que as coisas aconteçam naturalmente, mas, acima de tudo, não tenha medo de ser sincero e revele seu amor por ela.

Seja por palavras, seja por carícias, seja no silêncio, apenas com um olhar, não tenha medo de mostrar o adolescente apaixonado que existe dentro de você, pois é exatamente este adolescente apaixonado que ela está procurando.

Voltando àquele casal que mencionei antes, aquela mulher nos contou que todas as vezes que se relacionava com seu ex-marido a relação era rápida e suficiente para atender apenas à necessidade dele, após o que ele se levantava como um herói que voltou da batalha, vitorioso. Não poucas vezes, essa mulher dormia frustrada e seu vazio aumentava cada vez mais. Mesmo assim, ela permanecia fiel àquele homem.

Hoje, ela está bem casada. Seu relacionamento com seu atual marido em nada se parece com o anterior. Ela contou-me que seu marido entende o princípio bíblico de um leito sem mácula e de como cuidar do corpo de sua esposa. Essa mulher, que fora acusada de ser fria no passado, hoje consegue ter múltiplos orgasmos em uma relação, pois, segundo ela mesma declara, o desejo de seu marido é satisfazê-la ao máximo.

O que o alegra é proporcionar-lhe muito prazer. O seu pensamento e coração são somente para ela. Na cama não há lugar para outra mulher e nem outro homem.

Quando somos jovens e começamos a namorar aquela que, possivelmente, mais tarde se tornará nossa esposa, somos ousados. Falamos o que nos vem à cabeça, não temos medo de ser atrevidos. Mas quando casamos e nos tornamos adultos, não sei por que, achamos que temos de mudar em nosso comportamento com ela, entendemos que não podemos mais ser atrevidos, não podemos mais ser ousados, não devemos mais falar aquelas coisas que falávamos e que a deixavam arrepiada. E eu pergunto, por que não? O que mudou? O que nos impede hoje de sermos com ela o que éramos no início do namoro?

> *Quero trazer à memória aquilo que me traz esperança.*
> Lamentações 3:21

Devemos buscar manter vivo em nossas mentes aquilo que edifica e alimenta cada vez mais o nosso amor e casamento. Lembre a si mesmo e a ela algumas palavras de carinho que já foram ditas no passado, alguns momentos engraçados de ambos. Vejam fotos juntos, assistam vídeos de passeios, aniversários e, quem sabe, o da lua de mel.

Lembre-se que o Salmo 127 diz que: *"Se o Senhor não edificar a casa, em vão **trabalham os que nela edificam**"* (grifo do autor), ou seja, nós também temos de trabalhar na construção.

Precisamos nos esforçar para que cada dia seja um dia novo em nosso casamento. E isso não requer, necessariamente, custos altos ou qualquer outra coisa que venha a afetar o orçamento familiar.

O que, na verdade, um relacionamento livre de rotinas precisa é de criatividade e sinceridade. Às vezes achamos que só poderíamos quebrar a rotina se pudéssemos levar a esposa a um caro restaurante, ou a um teatro, ou a um espetáculo, ou para passar um final de semana em uma pousada em Búzios. Quando a situação financeira permite, por que não? Mas, se não há dinheiro sobrando, ainda assim é possível quebrar a rotina.

Quando morávamos na Barra da Tijuca (para quem não conhece, é um dos bairros do Rio de Janeiro que possui lindas praias), algumas vezes, depois de culto da noite, ao chegarmos em casa, lá pela meia-noite, aproximadamente, sem avisar previamente à minha esposa, eu direcionava o carro para a praia. Estacionava, tirava os sapatos, as meias, dobrava as pernas da calça e a levava para ficarmos sentados na areia.

Conversávamos, olhávamos o céu estrelado, namorávamos, caminhávamos um pouco, ou seja, passávamos ali alguns minutos, às vezes horas. O custo era zero, o benefício era 1000.

Mesmo após um fim de semana exaustivo de trabalhos na igreja, aqueles poucos momentos juntos ali, na areia da praia, nos traziam renovo, alimentavam o nosso amor e algumas vezes nos proporcionavam um clima de maior romantismo que terminava em um namoro mais aconchegante, em casa, no nosso quarto.

Perceba então que o relacionamento sexual nem sempre começa no quarto, com os dois sem roupa em cima de uma cama. Muitas vezes pode começar com os dois sentados na areia em frente ao mar, ou passeando de mãos dadas em uma praça, conversando, falando coisas do coração, que só podem ser ditas para ela e para mais ninguém.

É necessário gastar tempo ouvindo-a, olhando nos olhos dela por um longo tempo sem dizer uma só palavra. Qual foi a última vez que você olhou nos olhos de sua esposa? Talvez você não tenha a noção do poder que existe no olhar e como tão poucas vezes tem olhado com profundidade para sua esposa.

Em certos momentos falamos demais, e acabamos falando besteira, mas seria muito bom se aprendêssemos que em alguns momentos não deveríamos falar absolutamente nada. Nesses momentos, os lábios devem ser fechados e apenas a alma deve falar, e os lábios da alma são olhos.

Antes de terminar este capítulo gostaria de abordar um assunto que é extremamente difícil para alguns homens. Hoje em dia não é novidade para ninguém que alguns passam pelo problema da ejaculação precoce.

Nunca se pensou, lá pelos anos 1950, 1960, que um dia assistiríamos a um comercial na TV falando acerca deste assunto tão íntimo relativo ao homem. Porém, é preciso tratar dele com seriedade e nenhum tipo de brincadeira.

Sei de casais que sofrem profundamente por causa disso. E como este livro é direcionado aos homens, quero falar com você que hoje está vivenciando este problema em sua vida e casamento.

Sei que não é fácil falar sobre isto, mas como você está lendo um livro, não precisará falar nada, mas apenas ouvir, ou melhor, ler.

Este é um problema que atinge não apenas a nossa parte física, sexual, mas também a nossa dignidade masculina.

É certo que o homem que passa por este problema sabe que sua esposa não é uma mulher realizada na vida sexual, considerando que durante a relação sexual não há tempo suficiente para que ela possa alcançar o orgasmo tão desejado, uma vez que o seu marido sempre ejacula precocemente.

Como você tem encarado essa situação? Seja sincero. Você tem enfrentado ou tem fugido? Você reconhece que está com um problema ou tem tentado transferir a culpa para ela?

Será que durante anos você não tem tentado sublimar essa questão, ou seja, fazer de conta que nada está acontecendo? Porque, na verdade, de certa forma você continua a se satisfazer, mas sua esposa sempre sai de uma relação sexual frustrada, triste e deprimida. Será que este é o melhor caminho?

Desculpe-me ser mais duro, mas é preciso. Será que você não consegue ver o seu egoísmo nesta situação? Todo o sofrimento que vocês têm passado até aqui pode acabar imediatamente. Basta apenas que você decida se tratar.

"O quê!!! Jamais!!! Eu não irei me expor pra ninguém!!! Eu não quero que ninguém saiba do meu problema!!! O que vão pensar a meu respeito?"

Será que é esta a sua postura? Sei que você não deve estar gostando nada de tudo isso que estou falando. E se eu conhecesse a sua esposa, você poderia até pensar que ela me contou alguma coisa, mas não é o caso.

A questão é que, enquanto você não se posicionar em relação a esse assunto, o seu casamento continuará sofrendo as consequências. A sua esposa sofre, os seus filhos sofrem, mesmo não sabendo de nada, porque a sua família está sofrendo.

Não sou um médico para lhe receitar alguma coisa, mas sei, e você sabe também, que hoje existem muitas clínicas especializadas e profissionais competentes que podem lhe ajudar.

A verdade é algo que podemos esconder de todos os que estão ao nosso redor, mas ela sempre estará presente diante de nós a cada manhã que acordarmos. Cada vez que olharmos no espelho ela estará gritando para nós que algo precisa ser feito.

Pense bem! Tome uma atitude que pode salvar o seu casamento. Pois se você não sabia, eu preciso lhe dizer que ele está correndo sério risco.

Você já parou para pensar que não é apenas você que tem a necessidade de se satisfazer sexualmente? Sua esposa também tem. E por quanto tempo você acha que ela poderá suportar esta situação antes de explodir?

Hoje é o dia de você mudar o rumo do seu casamento. Só depende de você.

Saiba que ela ainda o ama muito e por isso tem permanecido ao seu lado todo este tempo, mesmo sofrendo, mas fiel, companheira e calada. Mas como você sabe, todos nós temos um limite e eu preciso lhe lembrar que o inimigo trabalha para nos destruir. Numa circunstância como esta ele se empenhará para tentar colocar alguém que possa satisfazer a necessidade da sua esposa.

Tenho certeza de que nada ainda está perdido, mas essa decisão é apenas sua. Mas também estou certo de que sua esposa irá apoiá-lo integralmente nisto.

Eu sei que é muito difícil lidar com este tipo de problema. Talvez você seja uma pessoa proeminente na sociedade, alguém muito conhecido no meio evangélico.

Sei que sempre fica o medo desta notícia vazar e todos virem a saber. Mas o que é mais importante? Encarar a verdade, enfrentando-a e solucionando o problema ou viver uma mentira por toda uma vida, sofrendo e fazendo a quem nos ama sofrer também?

E conhecereis a verdade e a verdade vos libertará.
João 8.32

Este é um princípio bíblico e creio que, também, uma estratégia para vencermos alguns dos nossos problemas mais íntimos. Fica então a pergunta. O que é necessário acontecer para que você decida buscar ajuda? Será preciso você experimentar a dor da perda de quem você ama? Será que você só tomará uma decisão quando for tarde demais?

Hoje há muitos homens que têm se mantido escondidos na caverna da vergonha e medo, quando poderiam simplesmente sair de cabeça erguida e viver uma vida totalmente normal ao lado de sua esposa e família.

O seu desempenho sexual também passa por esta decisão pessoal. Você estará cuidando de proporcionar à sua esposa o que de melhor você tem nesta área e que ela ainda não conhece.

Vá em frente e dê uma guinada nesta história, e o Senhor o abençoará poderosamente.

O texto que escolhi para finalizar este capítulo fala que o marido deve dar à esposa aquilo que lhe é devido e vice-versa. Tenho certeza de que ela tem feito a parte dela, mas e você? Tem feito a sua?

Ainda há tempo. Procure hoje, ou até mesmo amanhã quem pode lhe ajudar e converse com sua esposa, isso vai reacender a chama da esperança em seu coração e lhe dar um novo ânimo para prosseguir.

Portanto, não desista, mas revista-se de coragem e derrube este gigante que tem atormentado a sua vida e casamento todo este tempo.

E eu sei que ao término desta batalha sua esposa lhe dará uma nota dez por sua atitude e perseverança em ver este problema resolvido. E esta vitória lhe aguarda.

Deus lhe abençoe.

O marido conceda à esposa o que lhe é devido, e também, semelhantemente, a esposa ao marido.
I Coríntios 7:3

CAPÍTULO 5

CHEFE OU SACERDOTE?

"Que fique bem claro que nesta casa quem manda sou eu, e que a última palavra é a minha!"

Esposas, sede submissas aos próprios maridos, como convém no Senhor.
Colossenses 3:18

A CONDIÇÃO DE SUBMISSÃO da mulher ao marido, na verdade, não foi determinada pelo apóstolo Paulo, como, equivocadamente, pensam alguns, mas sim pelo próprio Deus lá no jardim do Éden, após a queda do homem.

E à mulher disse: Multiplicarei sobremodo os sofrimentos da tua gravidez; em meio a dores darás à luz filhos; **o teu desejo será para o teu marido, e ele te governará**.
Gênesis 3:16 (grifo do autor)

Se você olhar este texto, esquecendo-se do propósito de Deus ao criar a mulher, então, certamente, você entenderá que é dono, patrão, chefe, proprietário ou qualquer coisa semelhante de sua mulher. Infelizmente, é exatamente assim que alguns homens consideram suas esposas. Muitos acreditam que, se mantiverem a posição de durões, conseguirão manter sempre o controle da situação.

Não sei se você já parou para pensar nisto, mas muitos casamentos entram em crise exatamente por causa desta questão: **Quem está no controle? Ela ou eu?** E nesta angústia, muitos maridos acabam vestindo a capa de "Todo-Poderoso". Aquele tipo que fala alto, nunca volta atrás nas decisões que toma, mesmo que algumas delas sejam erradas, porque acha que isto seria um sinal de fraqueza. E quando está diante de uma situação que não conhece, não domina, e, na verdade, não sabe o que decidir por ter um enorme medo de errar, com toda a sua sabedoria ele diz: "**NÃO!!!** *Mas por que não, querido?*". Então vem a fantástica resposta, explicando de uma forma totalmente científica, racional e convincente o porquê da decisão: "**NÃO, PORQUE NÃO E PRONTO, JÁ DECIDI!!!**".

Qual foi o motivo para Deus criar a mulher?

> *Disse mais o Senhor Deus:* **Não é bom que o homem esteja só**, *far-lhe-ei uma auxiliadora que lhe seja idônea.*
> *Gênesis 2:18 (grifo do autor)*

Como você acha que seria a vida se no mundo só houvesse homens? Se porventura Deus determinasse que a raça humana se proliferasse como os frutos, ou seja, que os seres humanos viessem a nascer de determinado tipo de árvore e que todos fossem apenas do sexo masculino? É difícil de imaginar, não é? Mas tenho certeza de que o Senhor viu lá na frente, por isso declarou que não é bom que o homem esteja só e então criou a mulher.

Mas Deus fez mais do que uma companheira que viesse para quebrar a nossa solidão, Ele nos fez uma auxiliadora, uma ajudadora idônea, alguém em quem se pode confiar plenamente, e eu creio que este propósito permanece.

O aspecto da submissão existe, é verdade, e ele é bíblico, mas a questão é que muitos homens, diante desta declaração da palavra de Deus, entendem que o papel da mulher é ser totalmente submissa ao marido, porém não percebem que dentro deste contexto também lhes cabe um papel a desempenhar, e infelizmente muitos, talvez a maioria, não saibam qual o seu.

Tenho um amigo que em todas as vezes que estávamos conversando e sua esposa se aproximava para lhe falar alguma coisa, dava sempre a mesma resposta: *"Querida, daqui a pouco falo com você; agora estou conversando com meu amigo".*

A sua visão era de que a mulher tinha que estar sujeita ao marido, à sua vontade, aos seus desejos; enfim, de que a mulher tinha de estar totalmente ao seu dispor.

Não me lembro de alguma vez tê-lo visto tratá-la com carinho; antes, pelo contrário, sempre que estava ao nosso lado, a sua preocupação era nos mostrar que quem estava **"no controle"** dentro do casamento era ele.

Lembro-me de que sempre que eu a via, não estava feliz; pelo contrário, sempre a via amargurada, com o semblante contrito e triste. Talvez por isso ela tenha se apaixonado por um outro homem de sua igreja, mas com quem não teve nenhum tipo de relacionamento, por ser este homem um servo de Deus e ter identificado a mão do inimigo nesta situação, com o propósito de destruir o casamento dela e de, também, destruir o ministério dele.

Hoje, infelizmente, ela e o marido estão separados.

Durante séculos Satanás vem tentando convencer os homens de que a mulher precisa ser subjugada e que deixá-la ter uma participação mais ativa no casamento é um sinal de fraqueza.

Em nossa sociedade machista, o menino cresce aprendendo que homem não chora, homem não leva desaforo pra casa, que quem "canta de galo" em casa é o homem e outras "pérolas" semelhantes a essas.

Não se tem ensinado ao menino que quando ele se casar, terá ao seu lado uma grande amiga e companheira. Alguém em quem ele poderá confiar plenamente. Uma mulher que o ajudará sempre e fará tudo para que ele seja feliz, mas também uma mulher com quem ele terá a obrigação de fazer tudo para que ela seja muito feliz ao seu lado.

Sinceramente, não sou favorável ao movimento feminista que surgiu há alguns anos atrás, o qual pleiteava igualdades.

O que nós pudemos observar neste movimento foi que as mulheres queriam ser tratadas iguais aos homens, e algumas, um pouco mais radicais, asseguravam que não havia diferença entre as mulheres e os homens.

Que as mulheres me perdoem, mas isto é negar a criação de Deus. Deus criou, sim, a mulher *diferente* do homem em muitas áreas, não só a física, que é a mais visível, mas na estrutura emocional, na sensibilidade, etc. E o que é mais maravilhoso na criação da mulher? Exatamente as diferenças. Porque o que mais atrai o homem na mulher são as diferenças. Todas elas. É bem verdade que muitos homens não têm ainda a consciência de que as diferenças que existem nas mulheres são presentes de Deus para completar em nós aquilo que nos falta.

Quero convidar você, meu irmão, a repensar na avaliação do seu papel dentro do casamento. Eu entendo que nós não somos "chefes" porque não há na palavra de Deus nenhum respaldo para esta posição, mas, sim, Deus nos chamou para sermos sacerdotes. Aqueles que têm de Deus o encargo, a responsabilidade de conduzir a família segundo a vontade de Deus.

Lembre-se de que Deus não exige de você e de mim que sejamos perfeitos, porque ele nos conhece, mas não podemos esquecer o que Ele nos disse: *"Sede santos, porque Eu sou Santo"*. Não se pode ser santo pelo próprio esforço, mas apenas quando nos tornamos semelhantes ao nosso Criador, e isto não é possível se eu não O conheço intimamente e nem à Sua palavra.

Sei que talvez você esteja dizendo ou pensando que é fácil entendermos que temos de ser sacerdotes no casamento, mas o problema é: Como ser sacerdote?

Escute, eu não posso ensinar violão a alguém se eu não souber tocar violão. Primeiro, eu preciso aprender a tocar para depois querer ensinar. Conosco não é diferente. Não nascemos sacerdotes, precisamos aprender primeiro. E quem é que pode nos ensinar?

> *Tomai sobre vós o meu jugo, e **aprendei de mim**, que sou manso e humilde de coração; e encontrareis descanso para as vossas almas.*
> Mateus 11:29 *(grifo do autor)*

Não há melhor mestre do que o Mestre dos mestres, JESUS. Ele mesmo irá ensinar-lhe o que fazer na medida em que você O procurar mais e mais.

Mas há também um outro texto da palavra de Deus que diz exatamente do que nós, homens, precisamos:

> E **a unção que vós recebestes dele**, *fica em vós, e não tendes necessidade de que alguém vos ensine; mas,* **como a sua unção vos ensina todas as coisas**, *e é verdadeira, e não é falsa, como ela vos ensinou, assim também nele permaneceis.*
> I João 2:27 (grifo do autor)

Se há algo que realmente nos ensina sobre tudo o que não sabemos é a unção do Espírito Santo em nós.

Amado irmão, você não precisa de mais nada para ser um bom sacerdote em seu lar, além da presença do Espírito Santo em sua vida. É ela que vai gerar toda a sabedoria que você precisa para ser um excelente marido e também um ótimo pai.

A Bíblia diz que tudo quanto fizermos, por ação, por palavras, pensamentos, devemos fazer como para o Senhor, pois a Ele servimos, dele somos e para ele vivemos.

Quero então deixar com você este último texto para a sua meditação.

> *Mas quero que saibais que Cristo é a cabeça de todo o homem, e o homem a cabeça da mulher; e Deus a cabeça de Cristo.*
> I Coríntios 11:3

CAPÍTULO 6

AGORA O ASSUNTO É DINHEIRO

"Puxa vida! Tem muito mês pra pouco salário!"

SE HÁ UMA ÁREA que certamente tem afetado muitos casamentos, é a área financeira. Não são poucos os casais que hoje estão passando por dificuldades financeiras, principalmente num país como o nosso, em que as desigualdades e a má distribuição de renda são tão gritantes.

Quando ligamos a televisão, o que mais vemos nela são objetos do desejo de muitos. Em uma novela se veem mansões com piscinas, carros luxuosos, aviões, helicópteros, roupas lindíssimas e caras, alimentação da melhor qualidade, e tudo isso é mostrado como se fosse o cotidiano do brasileiro, como se fosse a coisa mais comum de se ter e de se conquistar.

Surge, então, no coração de muitos um sentimento de revolta quanto à própria vida, quanto à própria situação econômica. Mulheres que desejam ter a roupa que a famosa atriz está usando na novela começam a cobrar de seus maridos, que muitas vezes trabalham de doze até quatorze horas diárias, uma mudança de *status*, a possibilidade do ter, a conquista dos bens tão desejados pelos olhos, ainda que esta não seja a verdadeira realidade e possibilidade.

Contas atrasadas, compras de mercado muito aquém do que se gostaria de comprar, presentes de Natal que nunca puderam ser comprados para os filhos, viagens sonhadas que permanecem apenas nos sonhos, projetos inalcançados por falta de verba, ideias fantásticas que nunca puderam ser viabilizadas.

Já parou para pensar como tudo isso traz uma dor profunda e um sentimento de grande frustração? E é nesse ponto que o casamento sofre grande ameaça na sua estrutura, porque se um dos dois, ou mesmo os dois, não entenderem o princípio bíblico que nos ensina a lidar com o dinheiro, certamente o casamento sofrerá danos, as cobranças virão, as brigas, e daqui a pouco os dois estarão caminhando para lados opostos, e os filhos, no meio disso tudo, ficam sem saber para que lado devem ir, ou a quem devem seguir.

Vamos ler juntos um texto da palavra de Deus, que na verdade é um testemunho de alguém que experimentou várias fases na sua vida financeira:

> *Não digo isto como por necessidade, porque já aprendi a contentar-me com o que tenho. Sei estar abatido, e sei também ter abundância; em toda a maneira, e em todas as coisas estou instruído, tanto a ter fartura, como a ter fome;* **tanto a ter abundância, como a padecer necessidade". Posso todas as coisas em Cristo que me fortalece.**
> Filipenses 4:11-13 (grifo do Autor)

Claro que você sabe quem escreveu estas coisas. O nosso querido apóstolo Paulo. Um homem que teve muito. Teve prestígio, teve poder, teve uma situação financeira completamente estável; enfim, teve tudo o que se podia desejar na sua época, mas Deus o escolheu para ser Seu servo. E quando da sua chamada o Senhor disse a Ananias, aquele que foi orar por Saulo na casa da Rua Direita:

> *Disse-lhe, porém, o Senhor: Vai, porque este é para mim um vaso escolhido, para levar o meu nome diante dos gentios, e dos reis e dos filhos de Israel.* **E eu lhe mostrarei quanto deve padecer pelo meu nome.**
> Atos 9:15-16 (grifo do Autor)

Deus sabia de tudo o que Paulo iria sofrer em sua caminhada como servo de Deus, porém tudo iria acontecer com a Sua permissão.

Não é desejo de Deus que Seus filhos passem por necessidades, ou que passem fome. O rei Davi em sua velhice nos declara isto:

> Fui moço, e agora sou velho; mas nunca vi desamparado o justo, e nem a sua descendência a mendigar o pão.
> Salmo 37.25

Será que o nosso Deus mudou? Será que Ele age de formas diferentes dependendo da pessoa que precisa? Será que Ele tem predileção por alguns? A Bíblia diz claramente que Deus não faz acepção de pessoas:

> Pois o SENHOR vosso Deus é o Deus dos deuses, e o Senhor dos senhores, o Deus grande, poderoso e terrível, **que não faz acepção de pessoas, nem aceita recompensas**.
> Deuteronômio 10:17 (grifo do autor)

Deus não faz acepção de pessoas como também não aceita recompensas, ou seja, Deus não é um Deus de barganhas, de trocas.

Alguns pensam que podem comprar Deus, fazendo-Lhe promessas de grandes ofertas financeiras se porventura Ele lhes conceder o que desejam, como se Deus estivesse de olho em sua riqueza.

Há um segredo que Deus nos dá para termos prosperidade em nossas vidas como um todo. E como não poderia deixar de ser, este segredo está na Sua palavra.

> BEM-AVENTURADO o homem que não anda segundo o conselho dos ímpios, nem se detém no caminho dos pecadores, nem se assenta na roda dos escarnecedores.
> Antes tem o seu prazer na lei do SENHOR, e na sua lei medita de dia e de noite.
> Pois será como a árvore plantada junto a ribeiros de águas, a qual dá o seu fruto no seu tempo; as suas folhas não cairão, **e tudo quanto fizer prosperará**.
> Salmos 1:1-3 (grifo do autor)

Como há pessoas hoje, mesmo dentro das igrejas, que andam segundo o conselho de ímpios! E entenda-se, por ímpios, pessoas que não têm o temor de Deus.

Muitos têm recebido de "amigos" o abençoado conselho de buscar socorro para as dificuldades financeiras através de um empréstimo em uma financeira, um banco, ou até mesmo um agiota. Outros veem no cartão de crédito o grande livramento de que precisam.

Será que alguma vez, quando você lançou mão deste amaldiçoado recurso, não disse consigo mesmo:
"Vou comprar só isso e depois eu dou um jeito de pagar o cartão"?

E isto, provavelmente, já aconteceu algumas centenas de reais atrás.

Hoje, talvez, a sua dívida no cartão já ultrapasse a casa de alguns milhares de reais.

Não importa, pois o que importa é saber que, se hoje você está na situação em que está, isto se dá tão somente porque o princípio bíblico que Deus nos dá para administrarmos as finanças não foi aplicado em sua vida.

Infelizmente, hoje há muitos pregadores que têm pregado o evangelho do ter, do possuir. Muitos têm pregado que uma pessoa só será realmente abençoada se Deus lhe der prosperidade financeira abundante. E aí ouvimos testemunhos do tipo "antes eu vivia de aluguel, mas agora eu tenho uma casa de campo, uma casa de praia, duas lojas, uma lancha, e ainda vou *determinar* a Deus que me dê uma viagem ao exterior uma vez por ano".

Este tipo de mensagem leva o irmão que é fiel e tem uma vida humilde a se sentir, até mesmo, em pecado. Pois se só é abençoado aquele que tem muito e ele tem pouco, então algo está errado.

Amado, não é assim que a Palavra de Deus diz. Mas o que lemos na Palavra são declarações da parte de Deus que nos estimulam a crer em um Deus que é fiel.

Aqui vão algumas delas.

> *O SENHOR é o meu pastor, nada me faltará.*
> Salmos 23:1

> *Entrega o teu caminho ao SENHOR; confia nele, e o mais ele fará.*
> Salmos 37:5

> *Mas, buscai primeiro o reino de Deus, e a sua justiça, e todas estas coisas vos serão acrescentadas.*
> Mateus 6:33

Estes são apenas alguns dos muitos textos em que Deus nos fala diretamente sobre as suas promessas de suprimento para aqueles que nele creem.

Não quero, porém, espiritualizar demais a questão financeira, pois há um outro lado desse assunto que não é da alçada de Deus, ou seja, há uma parte que é puramente de nossa responsabilidade.

O que você faz quando recebe o seu salário? E se sua esposa também trabalha, o que você e ela fazem quando recebem seus respectivos salários no final do mês?

É possível que vocês hoje já estejam vivendo uma situação caótica devido ao acúmulo de dívidas feito ao longo de alguns meses, ou anos, talvez.

Como então consertar esta situação e se manter dentro de um administrado orçamento? Claro que eu não tenho uma fórmula mágica para resolver os problemas financeiros do mundo, se tivesse certamente seria convidado para ser o ministro da fazenda deste país, cujas finanças estão do jeito que estamos vendo. Mas há alguns princípios básicos que posso compartilhar com você. Coisas simples que não exigem que nós sejamos contadores ou economistas para as entendermos.

Gosto da comparação da caixa d'água. A caixa d'água recebe água por um cano apenas e na sua maioria, um cano de um pequeno diâmetro. Se as saídas de água estiverem fechadas em pouco tempo a caixa d'água estará cheia e em breve, transbordando. Como isso se aplica à nossa realidade financeira? É o seguinte. A água que entra por aquele pequeno cano é o seu salário mensal, a caixa d'água é a sua vida com todas as suas necessidades materiais. Talvez hoje na sua caixa d'água a quantidade de água que sai seja maior do que a de água que entra. O que fazer então? Dentro dessa alegoria, a solução é simples. Certamente você diria:

"Basta fechar as saídas de água excedentes e a caixa d'água voltará a encher".

Simples, não? Pois é... é assim que eu vejo a condução de um orçamento financeiro. Como no exemplo da caixa d'água, é preciso fechar as saídas de água excedentes. Quero dizer, é importante identificar onde estão e quais são as saídas de água excedentes em nossa vida.

Vamos ser práticos. O que hoje em sua vida é supérfluo? O que existe em seu orçamento que não deveria estar lá? Assim como eu posso olhar dentro da caixa d'água e ver quais são as saídas d'água, eu posso também sentar-me à mesa e fazer uma lista de todos os compromissos financeiros que tenho no momento. Mais do que isso, posso também listá-los por ordem de prioridades.

Há compromissos que não podem ser retirados do grupo de prioridades como a saúde, alimentação, moradia e seus acessórios (luz, telefone, gás, condomínio), educação e vestes. Parece muito, mas na verdade, quando a caixa d'água está controlada, tudo isso se torna possível, guardadas as devidas proporções da realidade financeira de cada um.

Agora, de forma prática e realista, você pode rever seu orçamento e listar, de forma inversa, aquilo que não é prioritário e que na verdade nem deveria estar na lista dos seus compromissos financeiros, como, por exemplo, aquela calça nova que você não estava precisando, ou aquele acessório do carro que não havia a menor necessidade de ser adquirido, ou ainda a reforma na casa que poderia esperar mais um pouco, uma vez que a sua finalidade foi apenas estética e não estrutural. Agindo assim por diante você vai descobrir outros vazamentos em sua "caixa d'água".

Torna-se então necessária uma operação tapa-vazamento, que exige algum tempo, perseverança e disciplina para não se permitir novos vazamentos.

É necessário pagar o que é prioritário e dentro do possível negociar o que é fútil, até que um a um sejam vedados todos os vazamentos do seu orçamento e, a partir de então, você possa viver dentro e exclusivamente dentro daquilo que você recebe. E isto é bênção de Deus.

Mas nós temos que considerar também que mesmo a bênção de Deus, se mal administrada, poderá se tornar em maldição para nós. Entenda bem, meu irmão, obviamente que não é a bênção de Deus que se torna maldição em nossa vida, mas, sim, o que eu faço com ela.

Conheço pessoas que não recebem um mau salário, pelo contrário; recebem mesmo um ótimo salário, mas não conseguem sair do vermelho.

Mas, até mesmo quando saem, em pouco tempo conseguem voltar para ele.

Por quê? Por que isto acontece com tantos?

Temos que voltar para a palavra de Deus. Então, vamos lá para Malaquias e vejamos o que o Senhor nos fala.

> *Trazei todos os dízimos à casa do tesouro, para que haja mantimento na minha casa, e depois fazei prova de mim nisto, diz o SENHOR dos Exércitos, se eu não vos abrir as janelas do céu, e não derramar sobre vós uma bênção tal* **até que não haja lugar suficiente para a recolherdes.**
> *E por causa de vós repreenderei o devorador, e ele não destruirá os frutos da vossa terra; e a vossa vide no campo não será estéril, diz o SENHOR dos Exércitos.*

> E todas as nações vos chamarão bem-aventurados; porque vós sereis uma terra deleitosa, diz o SENHOR dos Exércitos.
> Malaquias 3:10-12 (grifo do autor)

Um dos grandes problemas e mais comuns entre as pessoas que tenho atendido no gabinete, na área financeira, tem sido a questão das prioridades, que está diretamente ligada à fé.

Por exemplo, não foram poucas as vezes em que ouvi de pessoas a seguinte declaração:

"Pastor, eu separei o meu salário, e vi que se eu pagasse o dízimo não teria como pagar o aluguel, e eu tenho certeza de que Deus não se agradaria se eu ficasse com o aluguel atrasado".

Este é um grande engano. Na Sua palavra, Deus é enfático:

> *Trazei todos os dízimos à casa do tesouro, para que haja mantimento na minha casa, e depois fazei prova de mim nisto, diz o SENHOR dos Exércitos, se eu não vos abrir as janelas do céu, e não derramar sobre vós uma bênção tal até que não haja lugar suficiente para a recolherdes.*
> Malaquias 3:10

Dízimo é primícia, é prioridade. Deus não vai lhe abençoar porque você deu dinheiro para Ele, mas sim por causa da sua fidelidade, que, por sua vez, foi movida por sua fé.

A palavra de Deus diz:

> *Deus não é homem, para que minta; nem filho do homem, para que se arrependa; porventura diria ele, e não o faria? Ou falaria, e não o confirmaria?*
> Números 23:19

Se quisermos experimentar o sobrenatural de Deus em nossas vidas, precisamos crer em Sua palavra.

A minha palavra, para essas pessoas que dizem que não dá para separar o dízimo, sempre foi e sempre será a mesma: você não poderá ver a mão de Deus movendo-se em sua vida se não for fiel a Ele.

Deus não está preocupado com valores, mesmo porque Ele não precisa do nosso dinheiro já que é o dono de todo ouro e de toda prata.

Como diz a palavra de Deus, o que realmente agrada o coração de Deus é a nossa fé.

> *Ora, sem fé é impossível agradar a Deus; porque é necessário que aquele que se aproxima de Deus creia que ele existe, e que é galardoador dos que o buscam.*
> Hebreus 11:6

Eu não sei se você percebeu, mas o texto de Malaquias diz que *"Deus abrirá a janela dos céus"* e derramará sobre aqueles que creem e são fiéis uma bênção tão grande que não haverá lugar suficientemente grande para guardá-las.

"Mas pastor, o senhor fala isso porque não sabe como está a minha situação".

Meu querido, eu posso não saber como está a sua situação, é verdade, mas de uma coisa eu sei, que o meu Deus nunca mentiu e nunca me decepcionou. Deixe-me contar-lhe uma experiência pessoal acerca da providência de Deus em minha vida, na área financeira.

Houve um tempo em minha vida em que as coisas estavam realmente muito difíceis. Eu estava desempregado, com três filhos, vivia de alguns bicos que conseguia fazer. E nesta ocasião eu estava com nada mais nada menos do que sete meses atrasados no pagamento da escola dos meus filhos. Mas eu cria que de alguma forma Deus supriria esta necessidade.

Pois bem, nessa época fomos abençoados, eu e minha esposa, com o pagamento da inscrição em um congresso missionário em Minas, na sede nacional da JOCUM, do qual desejávamos muito participar, mas não tínhamos recursos financeiros para isso. Então, numa quarta-feira viajamos para lá. No meio da viagem tocou o meu celular e quem estava do outro lado da linha era a secretária do colégio de meus filhos.

Uma senhora muito simpática e educada que, depois de pedir mil desculpas, explicou que era sua função ligar para cobrar as mensalidades atrasadas. Minha esposa, que atendeu ao telefone, disse-lhe que na segunda-feira seguinte eu estaria lá na escola para conversar com ela. Bom, chegamos ao local do congresso que começaria naquele mesmo dia, à noite.

No dia seguinte, quinta-feira, depois de um culto maravilhoso, o Senhor nos deu uma palavra dizendo: *"Eu sou Jeovah-Jireh, eu sou o teu Deus provedor"*. Guarde bem que isto aconteceu na quinta-feira à tarde.

Terminado o congresso, retornamos à nossa cidade no domingo e na segunda-feira me dirigi à escola para conversar com a secretária sobre a situação das mensalidades de meus filhos.

Antes porém, de entrar na escola, conversei com o Senhor e lhe disse: *"Pai, não tenho como saldar esta dívida e não sei o que fazer. Dá-me uma direção, Senhor"*.

Neste momento, ouvi a voz de Deus falando ao meu coração, dizendo-me que ao entrar na escola eu não deveria perguntar qual a dívida dos sete meses, mas que deveria perguntar qual seria a dívida até o fim do ano, e ainda faltavam uns três meses para terminar o ano.

Diante disso fiquei meio atordoado, pois se eu não tinha o dinheiro para pagar sete meses de atraso, como eu poderia pedir àquela mulher para calcular o valor até o final do ano? Mas como eu sei que meu Deus não mente, escolhi crer na Sua palavra e fui em frente.

Quando entrei na secretaria da escola e disse à secretária para calcular não apenas a minha dívida atual, mas o valor total até o final do ano, você pode imaginar o olhar que aquela senhora me deu?

Então eu lhe disse que podia calcular, que dentro de poucos dias eu retornaria para pagar todas as mensalidades, em nome de Jesus. E disse-lhe que meu Deus é fiel e que ela veria isto. Sua resposta, bastante descrente, foi: *"Faço votos que sim".*

Voltei para o carro com o cálculo da dívida nas mãos, e ao entrar no carro, levantei aquele pedaço de papel, no qual estava escrito o valor total da dívida, que era de R$ 2.431,00, o que daria mais ou menos uns doze salários-mínimos da época, e apresentei ao Senhor dizendo: *"Pai, fiz o que me mandaste, aqui está o valor da dívida até o final do ano; agora, peço-Te, dá-me uma palavra".*

Então peguei a minha Bíblia e abri, pensando em procurar um texto para ler, mas quando abri meus olhos se depararam com o seguinte texto:

> *Mas agora, assim diz o SENHOR que te criou, ó Jacó, e que te formou, ó Israel: Não temas, porque eu te remi; chamei-te pelo teu nome, tu és meu.*
>
> *Quando passares pelas águas, estarei contigo, e quando pelos rios, eles não te submergirão; quando passares pelo fogo, não te queimarás, nem a chama arderá em ti.*
>
> *Porque eu sou o SENHOR teu Deus, o Santo de Israel, o teu Salvador; dei o Egito por teu resgate, a Etiópia e a Sebá em teu lugar.*
>
> *Visto que foste precioso aos meus olhos, também foste honrado, e eu te amei, assim dei os homens por ti, e os povos pela tua vida. Não temas, pois, porque estou contigo...*
>
> Isaías 43:1-5a

Da metade do texto em diante eu já estava chorando e sentindo a fidelidade de Deus sobre a minha vida.

Dali fui direto para a minha igreja e, ao chegar e entrar, ouvi o Senhor me dizendo: "volte e pergunte à zeladora se há algum recado para você". Obedecendo, voltei e perguntei à zeladora de nossa igreja se havia algum recado para mim. Qual não foi a minha surpresa quando ela me disse que havia sim, que a minha advogada havia me ligado.

Naquele momento eu dei um grito glorificando o nome do Senhor. Dirigi-me à minha sala e liguei para ela.

Só para que você entenda melhor, eu havia entrado com um processo pelo recebimento das perdas sobre o meu FGTS causadas pelos planos Collor e Verão, processo no qual outros milhares de brasileiros também haviam entrado e pelo qual alguns já amargavam alguns anos de espera.

Mas eu havia entrado fazia poucos meses apenas. Pois bem, ao ligar para a advogada, ela me informou que na quinta-feira passada, o juiz deferira o meu processo, dando-me ganho de causa.

O que eu tinha a receber era suficiente para dar a comissão da advogada e pagar o valor total da dívida na escola de meus filhos. E eu quero chamar a sua atenção para o dia em que o juiz deferiu o meu pedido, quinta-feira, o mesmo dia em que o Senhor nos disse;

"Eu sou Jeovah-Jireh, eu sou o teu Deus provedor".

Retornei à escola feliz da vida, não apenas porque poderia pagá-la, mas porque também poderia testemunhar para aquela mulher acerca da fidelidade e do amor de Deus.

Amado, isso não é privilégio de poucos, mas está ao alcance de todos, de todos que escolherem crer em Deus e na Sua palavra, que nunca voltou e nunca voltará vazia. Amém!!!?

Quero deixar então com você este texto, para encorajá-lo a crer em Deus e desfrutar de suas bênçãos.

> *O meu Deus, segundo as suas riquezas, suprirá todas as vossas necessidades em glória, por Cristo Jesus.*
> *Filipenses 4:19*

CAPÍTULO 7

E QUANDO A OPINIÃO DELA É DIFERENTE?

*Claro, meu amor, que você tem razão,
mas também, nem tanta, né?*

Este é um outro aspecto do casamento o qual eu não poderia deixar de mencionar. A diferença de opiniões.

Muitos de nós, homens, crescemos com a informação, a cultura, o ensino, ou como você quiser chamar, de que a palavra final é, e sempre tem que ser, a nossa. Para alguns é extremamente difícil aceitar uma outra opinião diferente da sua, principalmente se esta opinião vier do *"sexo mais frágil"*, ou seja, da sua esposa.

Por que é tão difícil para nós aceitarmos isso? Bom, vejamos algumas características do homem.

O homem, com algumas exceções, normalmente é líder, gosta de conduzir, e, como nós sabemos, todo o líder está acostumado a mostrar a direção aos liderados. Por isso é tão complicado para um líder aceitar uma opinião diferente da sua, ou uma direção que, na verdade, ele não tinha cogitado, pois isso implicaria um reconhecimento perante os seus liderados de que a direção que ele havia antes escolhido estava equivocada e que a nova direção, então sugerida por quem, teoricamente, não faz parte da liderança, é que está correta.

Sendo assim, este homem sente-se ameaçado, sente a sua liderança sob risco, e a sua reação natural, ainda que incorreta, é resistir à coliderança que surge naturalmente no meio do grupo, no nosso caso, a família.

Um outro aspecto inerente ao homem é que ele também é um conquistador, lembrando que também há exceções.

Como conquistador, sua motivação aumenta a cada novo desafio que surge à sua frente e cada vez mais ele sente a necessidade de superar a si mesmo.

Nós sabemos que normalmente o conquistador não gosta de dividir o mérito da conquista. Pelo contrário, o conquistador gosta de ser reconhecido e "aplaudido" por sua nova conquista, principalmente quando fica patente aos olhos de todos que essa conquista foi alcançada apenas por ele e por mais ninguém.

Você quer um exemplo disto? Então lá vai. Será que você nunca chegou para a sua esposa ou para outras pessoas e disse:

"Lembra desta parede da sala? Como estava suja e descascada? Pois é, semana passada eu raspei ela toda, passei massa, lixei e depois pintei. Que tal? Como ficou?"

E quando a resposta vem com um:

"Ficou ótimo!!! Foi você que fez? Está igual ao serviço de um profissional!!!".

Aí você tem que ir para o quarto trocar de roupa porque a que você está usando ficou apertada de repente, de tão inchado que você ficou. Não é verdade? Não adianta dizer que você não é assim. Nós, homens, gostamos disso, e para ser sincero, sua esposa também gosta. Toda a mulher gosta de um marido que resolve as coisas. Ela, no entanto, também gosta quando este marido maravilhoso permite que ela participe de "suas" conquistas pessoais.

Entenda, meu irmão, que sua liderança nunca será ameaçada quando você entender que Deus lhe deu alguém que é idônea, ajudadora e que está ao seu lado para ajudá-lo em todas as suas conquistas. Conquistas essas que reverterão para o bem-estar de toda a família.

A grande verdade é que uma das coisas mais difíceis para o ser humano, particularmente para os homens, é lidar com o diferente. Temos muita dificuldade em nos relacionarmos com o diferente, pois o diferente nos é desconhecido e muitas vezes assustador.

Infelizmente, muitos homens têm levado isso para dentro do casamento. Muitos homens ficam amedrontados diante de posições opostas de sua esposa, como se isso fosse indício de divisão dentro do casamento.

Tenha certeza de que não é. Muito pelo contrário, é uma excelente oportunidade de crescimento para os dois.

Há um exemplo na Palavra de Deus, dentre muitos, de uma mulher que teve uma visão diferente de seu marido em relação a um evento de que os dois participaram. Encontra-se no livro de Juízes.

> *E sucedeu que, subindo a chama do altar para o céu, o anjo do SENHOR subiu na chama do altar; o que vendo Manoá e sua mulher, caíram em terra sobre seus rostos.*
> *E nunca mais apareceu o anjo do SENHOR a Manoá, nem a sua mulher; então compreendeu Manoá que era o anjo do SENHOR.*
> *E disse Manoá à sua mulher: Certamente morreremos, porquanto temos visto a Deus. Porém sua mulher lhe disse:*
> *Se o SENHOR nos quisesse matar, não aceitaria da nossa mão o holocausto e a oferta de alimentos, nem nos mostraria tudo isto, nem nos deixaria ouvir tais coisas neste tempo.*
> *Juízes 13:20-23*

Perceba que a visão de Manoá foi limitada e, se não fosse sua mulher, ele não perceberia que na verdade Deus havia aceitado o seu holocausto. Estes foram os pais de Sansão.

Aqui eu coloquei um exemplo bíblico bem simples da participação da mulher na vida do marido. Mas certamente podemos entender que alguns homens na Bíblia não teriam sucesso em seus ministérios se não tivessem ao seu lado a ajudadora que Deus fez para ele.

Lembre-se de que uma parede é construída basicamente por dois elementos: o tijolo e o cimento. Um sem o outro não pode permanecer de pé. Diante do primeiro vento ou da primeira chuva, tanto um como o outro cairá por terra. Mas quando estão juntos se fortalecem de tal maneira que são capazes de suportar qualquer intempérie que surgir.

Assim deve ser a nossa visão em relação à opinião diferente de nossa esposa.

Veja-a como o cimento da parede que você está tentando construir.

Considere sempre que você poderá aprender algo novo que irá enriquecer os seus conhecimentos e que também poderá dizer com orgulho que aprendeu com a sua esposa, uma mulher inteligente, amiga e participante da sua vida.

> *E disse o SENHOR Deus: Não é bom que o homem esteja só; far-lhe-ei uma ajudadora que lhe seja idônea.*
> *Gênesis 2:18*

CAPÍTULO 8

EU NÃO SOU CIUMENTO NÃO... SÓ TENTO CUIDAR DELA!!!

Onde será que ela está agora?

> *Porque as obras da carne são manifestas, as quais são: adultério, prostituição, impureza, lascívia, idolatria, feitiçaria, inimizades, porfias, **ciúmes**, iras, pelejas, dissensões, heresias, invejas, homicídios, bebedices, glutonarias, e coisas semelhantes a estas, acerca das quais vos declaro, como já antes vos disse, que os que cometem tais coisas não herdarão o reino de Deus.*
> *Gálatas 5:19 – 20 (grifo do autor)*

UMA DAS COISAS MAIS danosas a um relacionamento, com certeza, é o ciúme. A Bíblia descreve-o como sendo um dos frutos da carne.

Sei de muitos casamentos que terminaram única e exclusivamente por causa do ciúme.

Há o caso de um homem que traiu sua esposa, a qual, após ficar sabendo da traição do marido, escolheu também traí-lo. A consequência não poderia ser outra a não ser a separação.

Passados alguns meses, eles voltaram a conversar e se reconciliaram.

A esposa perdoou a traição do marido. Ele, por sua vez, disse que também a havia perdoado, porém, sempre que tinha oportunidade, lançava no rosto da esposa o seu pecado passado, o que prova, na realidade, que ele não a perdoou.

Por que citei este fato? Para explicar a diferença de valores entre os homens e as mulheres.

Neste exemplo podemos ver como é difícil para o homem aceitar ser traído. Na sua mente é perfeitamente compreensível, por que não dizer, até mesmo aceitável, que ele possa trair, mas imaginar sua esposa nos braços de outro homem é simplesmente inconcebível.

É óbvio que não estou aqui defendendo a traição mútua; pelo contrário, a Bíblia cita também o adultério, a lascívia, a prostituição e a impureza como frutos da carne.

Posso dizer sem medo de errar que ninguém gosta e nem aceita o fato de ser traído.

Então por que os homens têm tanta dificuldade em lidar com tal situação, qual seja, o ciúme? Por causa do sentimento de posse que muitos experimentam. Sua esposa não é apenas sua esposa, mas é também sua propriedade, um bem, como o carro, a televisão, a casa, etc.

Sendo assim, como eu não gosto que os outros usem aquilo que é meu, a reação e o sentimento em relação à minha esposa é semelhante, como se qualquer um pudesse "usá-la" como se usa um objeto.

Em nossa cultura machista o homem acredita que pode ter quantas mulheres quiser e a justificativa que, infelizmente, até mesmo algumas mulheres dão para si mesmas é a seguinte: "Ah, ele é homem, né, fazer o quê?", como se isso explicasse tudo e, pior, legitimasse a atitude do marido infiel.

Eu gostaria primeiro de analisar por que alguns homens são verdadeiros escravos do ciúme.

Uma das coisas que pude perceber em alguns dos casos que acompanhei de perto foi que o ciúme não era a causa dos problemas conjugais que o casal estava atravessando, mas, na verdade, o ciúme era um sintoma de um mal maior. E a origem deste mal muitas vezes poderá ser detectada lá atrás, na infância, ou na adolescência. Este mal chama-se **"autoestima baixa"**.

A autoestima baixa provoca danos enormes na vida das pessoas que não conseguem identificá-la e tratá-la. Muitos até mesmo sabem que a possuem, mas não querem dar o braço a torcer e negam firmemente a existência da mesma em suas vidas.

Por quê? Por causa da própria autoestima baixa. Ela os faz agir assim.

Deixe-me tentar ser mais claro no que digo. Quando eu tenho a minha autoestima baixa, há uma voz gritando dentro de mim que eu não tenho valor algum. E sabe qual a consequência disso no meu relacionamento com as pessoas? Eu tenho a plena certeza de que ninguém gosta de mim. Porque se eu não tenho nenhum valor, como pode ser possível que alguém venha a gostar de mim?

Quando acontece de alguém se aproximar de mim e começar a me amar, meu instinto de defesa grita que isso é impossível, porque eu não tenho valor. Então algo dentro de mim diz que esse amor é falso e mentiroso, e, no final, eu acabo ferindo aqueles que sinceramente me amam, porque não consigo acreditar no seu amor.

Por outro lado, a autoestima baixa me leva a pensar que aquilo que eu tenho, na verdade, eu não mereço e, por isso, eu posso perdê-lo a qualquer momento. E usando como exemplo o caso que citei no início deste capítulo: eu posso perdê-la para qualquer outro homem.

A questão do ciúme dentro do casamento passa por aí.

Ciúme é o "outdoor" da insegurança.

É ele quem denuncia a presença da insegurança que está dentro de nós para o mundo.

Há alguns homens que crescem acreditando que são feios e quando um desses homens casa com uma linda mulher acaba destruindo o seu casamento, por sentir que qualquer um que se aproximar de sua esposa conseguirá roubá-la dele. Dentro dele há uma convicção de que, como ele é "feio", certamente há muitos outros homens mais bonitos, aos quais sua esposa não conseguirá resistir.

Assim, a única maneira de evitar essa tragédia em sua vida conjugal será controlar os passos e a vida de sua amada esposa, dando início então a uma vida paranoica, onde todos os homens tornam-se rivais e inimigos, inclusive os amigos mais próximos.

O marido que age assim não percebe que está, em primeiro lugar, ofendendo a sua esposa, pois acredita que ela sairia com o primeiro que a chamasse de "bonitinha".

Em segundo lugar, ele não acredita no amor dela e, sendo assim, é possível que esta mulher um dia realmente se canse, pois se todo o seu esforço de agradar ao marido é sempre recompensado com uma palavra de desconfiança, para que continuar então?

Quero lembrar-lhe o texto da palavra de Deus que coloquei no início deste capítulo, que descreve o ciúme como fruto da carne. Então, em função disso, qual o antídoto para o ciúme? A Bíblia tem todas as respostas para a vida humana e é nela que vamos buscar a resposta a essa pergunta.

> *Porque a carne milita contra o Espírito, e o Espírito contra a carne; e estes opõem-se um ao outro, para que não façais o que quereis.*
> *Gálatas 5:17*
>
> *Digo, porém:* **Andai em Espírito, e jamais satisfareis aos desejos da carne.**
> *Gálatas 5:16 (grifo do autor)*

Se há uma fórmula que nos ensina a subjugar a nossa carne, Paulo nos revela em Gálatas: "andar no Espírito", e somente dessa forma a carne não tem poder para prevalecer sobre nós.

Sei que você, amado leitor, pode estar vivendo neste exato momento um inferno em seu casamento, por conta de um ciúme doentio sobre o qual você não consegue ter o menor controle.

Quero lhe sugerir que neste momento você interrompa esta leitura e tenha um momento na presença de Deus, pedindo-Lhe que lhe mostre o que há dentro de você, para que isto possa ser tratado e curado. Abra o seu coração e diga com suas palavras ao Senhor tudo o que você está sentindo. Por isso não coloquei nenhum tipo de oração formatada aqui, porque Deus quer ouvir agora a sua voz e não a minha.

Orou ao Senhor? Glória a Deus! Agora experimente olhar para dentro de si mesmo e veja se o que você sente, na verdade, não é um medo incontrolável de perder a sua esposa, de que ela o abandone ou que o troque por outro, ainda que não haja o menor motivo para que você sinta isso e nem para que isso venha acontecer?

Quero ir um pouco mais longe ou um pouco mais profundo. Será que lá atrás, alguém muito próximo, talvez seu pai, ou mesmo sua mãe, não tenha deixado de lhe dar o amor que você tanto desejava e necessitava? E ao invés disso, muitas vezes o que você ouvia da parte deles era tão somente coisas do tipo:

"Você não tem jeito mesmo, nunca vai ser ninguém na vida"
"Olhe só pra você, nunca vi alguém tão desajeitado assim"
"Encare a realidade, você não é e nunca será bonito"
"Será que você nunca vai conseguir fazer alguma coisa certa?"
"É por isso que ninguém aguenta você, você é insuportável"

Talvez o que você já ouviu em sua vida tenha sido muito mais forte do que estes exemplos que dei. Bom, eu não sei, é verdade, mas de uma coisa eu sei: Deus sabe, e não apenas sabe, mas quer apagar da sua história todas essas palavras de maldição que foram declaradas contra a sua vida.

Saiba, querido: há algo dentro de você que não foi herdado de sua mãe e nem de seu pai. Há algo dentro de você extremamente valioso e que o torna especial, único, e eu não estou me referindo às suas digitais, mas a algo que o próprio Deus colocou em você quando o criou à Sua imagem e semelhança. Sabe o que Deus disse ao profeta Jeremias?

Antes que te formasse no ventre te conheci, e antes que saísses da madre, te santifiquei; às nações te dei por profeta.
Jeremias 1:5

Eu tenho a plena convicção de que Deus tem o mesmo sentimento por você e por mim. Deus já o conhecia antes mesmo que você saísse à luz. Ele já tinha planos para a sua vida e ainda os tem. E, dentro desses planos, um deles é o de que você seja muito feliz em seu casamento.

Apesar de não conhecer a sua esposa, tenho a certeza de que ela ainda está com você, não pela sua "casca", ou seja, se você é bonito ou não, mas por esse algo que há dentro de você.

Sabe? As mulheres não veem como nós, os homens. Nós somos muito afetados e impressionados com o que os nossos olhos veem, mas a mulher recebeu de Deus um sentido que nós não temos, ela consegue enxergar por dentro e é isso que a torna a ajudadora idônea, lembra-se?

Creia, seu ciúme pode destruir o seu casamento em dois tempos. Ninguém aguenta ficar ao lado de uma pessoa ciumenta por muito tempo. A vida torna-se um inferno e você não consegue dar um passo sequer na vida com medo do que o outro possa pensar.

Se hoje você está enquadrado nesta situação, de ser um marido extremamente ciumento, a ponto de sua esposa não ter mais prazer e alegria em estar ao seu lado, então você precisa de ajuda, e a principal ajuda de que você precisa está na palavra de Deus. A segunda, talvez você possa encontrar na pessoa do seu pastor, mas para isso é necessário primeiro que você reconheça que é uma pessoa ciumenta e que necessita de ajuda, para que seu casamento tenha uma chance de ser salvo. E quer saber de uma coisa? Para Deus sempre ainda há tempo de salvar o que se perdeu, o que adoeceu, o que até mesmo já não existe mais, porque como diz a palavra de Deus;

> *Jesus, porém, olhando para eles, disse: Para os homens é impossível, mas não para Deus, **porque para Deus todas as coisas são possíveis.***
> Marcos 10:27 *(grifo do autor)*

> *Como está escrito: Por pai de muitas nações te constituí perante aquele no qual creu, a saber, Deus, o qual vivifica os mortos, e **chama à existência as coisas que não existem.***
> Romanos 4:17 *(grifo do autor)*

Creia, ainda há tempo, não desista!

Deus o abençoe

CAPÍTULO 9

VERDADE!!! EU NÃO QUERIA TRAÍ-LA, MAS FUI FRACO E...

Se esta é a sua situação atual, em primeiro lugar eu quero lhe dizer que você está grandemente encrencado, mas, em segundo lugar quero lhe dizer, também, que ainda não é o fim. Há uma chance, muito remota, é verdade, de você conseguir reconquistar sua esposa e salvar o seu casamento, mas ela ainda existe, creia.

> *Não erreis: Deus não se deixa escarnecer; porque tudo o que o homem semear, isso também ceifará.*
> *Gálatas 6:7*

Muitas vezes esquecemos que as atitudes que tomamos na vida sempre geram consequências e nós, os homens, por sermos extremamente racionais, acreditamos que um simples pedido de perdão pode resolver a situação; porém, não é tão simples e nem tão fácil assim.

No caso do assunto deste capítulo, ou seja, a **traição** ou o **adultério**, como você quiser chamar, as consequências são devastadoras e infelizmente os homens não param para pensar nelas antes de tomarem tal atitude.

Poderíamos comparar o casamento a uma construção que na verdade teve seu início no dia em que vocês começaram a namorar, ainda que naquela época não houvesse sequer a intenção de se chegar ao casamento. Todavia, as etapas foram sendo concluídas e em determinado momento vocês, juntos, entenderam que já era tempo de avançar para uma nova e definitiva fase dessa construção.

Quando vocês se casaram, na verdade, não estavam começando uma vida, mas dando continuidade a algo que teve seu início lá atrás. Quando você a conquistou com todo o seu charme, sua beleza física (se este é o seu caso), suas palavras envolventes, seu cheiro, enfim, com todo o seu ser, ela, por sua vez, começou a construir em seu interior grandes expectativas a seu respeito. Com o passar do tempo, essas expectativas foram evoluindo e transformaram-se em sonhos de algo maior e definitivo.

O coração de sua amada já não podia enxergar o futuro sem você ao seu lado. Quando ela pensava em uma casa, por exemplo, ela via uma casa bem bonita, perfumada, colorida, impregnada por um ar leve de felicidade, paz e confiança.

Ela não conseguia se ver nesta casa sozinha, mas, em sua mente, todos os quadros deste filme eram protagonizados por vocês dois.

Se ela pensasse na sala, ela se veria sentada num confortável sofá, assistindo a um filme numa grande TV, comendo uma travessa de pipocas, abraçada com você, talvez até mesmo debaixo de um cobertor num final de semana frio em que vocês estivessem em casa.

Quando em sua "viagem doméstica" ela chegasse à cozinha, em sua visão ela estaria fazendo uma comida bem gostosa para o homem que a torna tão feliz.

Se sua mente agora a levasse ao banheiro (hummmm), ela imaginaria um banho com uma água limpa e quente, porém junto com você.

Saindo do banho ela chega ao quarto, e neste ponto eu não preciso dizer o que vem ao coração dela.

Mas, quando ela vê o outro quarto, ela enxerga ali um pequeno e aconchegante berço que abriga o fruto de todo esse amor construído ao longo de alguns anos.

Neste meu esforço limitado eu tentei passar pra você o que aconteceu dentro de sua esposa durante tantos anos de investimento e fé em alguém como você que, talvez, tenha se tornado a pessoa mais importante para ela em toda a sua vida até aqui.

Mas agora imagine que em um dia de grande tempestade, ventos fortes e chuvas, uma gigantesca pedra rola de uma montanha próxima à sua casa e a destrói por completo, não deixando nenhum compartimento inteiro.

A sala com a grande TV, a cozinha, o banheiro onde tantas vezes vocês tomaram banhos juntos, o quarto onde muitas palavras de amor foram trocadas e onde vocês se tornavam um só corpo, bem como o quarto de seus filhos, tão colorida e inocentemente decorado, agora estão totalmente destruídos. Nada mais está de pé. Para onde se olha só se vê destruição e tristeza. Você conseguiu visualizar isto? Então eu quero que você entenda que é este o sentimento que invade a sua esposa quando o adultério acontece.

O sentimento é que tudo o que foi construído ao longo dos anos repentinamente foi destruído por uma grande pedra chamada "traição", que passou sobre tudo e sobre todos, não deixando, aparentemente, nada de pé.

Se eu lhe perguntar o que será necessário para reconstruir essa casa do nosso exemplo, que agora é só escombros, tenho certeza que você me diria que a primeira coisa a fazer é remover os escombros, limpar o terreno, retirar os alicerces antigos e recomeçar a construção do zero fazendo novos alicerces.

Quero lhe dizer que, se a sua resposta foi essa, você acertou em cheio. E este também deve ser o processo com um casamento destruído pelo adultério. O que ficou foram muitos escombros que precisam ser removidos inteiramente para que uma nova construção recomece. Será necessário zerar completamente.

Infelizmente a obra foi condenada pela "Defesa Civil" da vida e o que sobrou, se sobrou, terá de ser demolido para dar lugar a uma nova construção, porém, sobre alicerces novos.

Não tenho a menor pretensão de lhe dar todas as respostas para uma situação tão terrível e dolorosa como esta em apenas um capítulo de um livro, mas penso que talvez, em alguns pontos, poderei ser útil a você, e assim espero e oro.

Então vamos começar pela palavra de Deus.

> Se bem fizeres, não é certo que serás aceito? E se não fizeres bem, o pecado jaz à porta, e sobre ti será o seu desejo, mas sobre ele deves dominar.
>
> Gênesis 4:7

A Bíblia nos mostra que o pecado sempre estará diante de nós e que sua força sobre nós é muito grande, mas a palavra também diz que ele não deve nos dominar, e sim nós a ele.

Como no título deste capítulo, muitos homens apresentam como motivo para a sua queda as seguintes frases: "Eu não consegui resistir", ou, "Eu fui fraco e cedi" ou ainda, "Foi mais forte do que eu".

> Não veio sobre vós tentação, senão humana; mas fiel é Deus, que não vos deixará tentar acima do que podeis, antes com a tentação dará também o escape, para que a possais suportar.
>
> I Coríntios 10:13

Se Deus não mente e a Sua palavra não volta vazia, então este versículo é verdadeiro. Ora, se este texto é a expressão da verdade, como tantos homens hoje, inclusive cristãos, têm caído nas armadilhas da sedução sexual e, consequentemente, têm visto seus casamentos serem arrastados para dentro do "esgoto"?

A Bíblia diz que Deus, paralelo à tentação, nos dará o escape, o livramento, a saída para não cair.

"Mas onde está esta saída, pastor, onde, que eu não vi e ainda não vejo?"

Esta pode ser hoje a sua pergunta. O que eu posso lhe dizer é que se Deus disse que dá o escape, Ele mesmo mostrará onde o encontrar.

> Porque a minha vida está gasta de tristeza, e os meus anos de suspiros; **a minha força descai por causa da minha iniquidade,** e os meus ossos se consomem.
>
> Salmos 31:10 (grifo do autor)

O pecado nos enfraquece. Por isso, quanto mais pecarmos, mais fracos e vulneráveis ficaremos, e menor será, cada vez mais, a nossa resistência a ele.

> *Não há rei que se salve com a grandeza de um exército, nem o homem valente se livra pela muita força.*
> *Salmos 33:16*

Está claro que também não será pela nossa própria força que conseguiremos escapar ou vencer os ataques do maligno.

> *Espera no SENHOR, anima-te, e ele fortalecerá o teu coração; espera, pois, no SENHOR.*
> *Salmos 27:14*

> *Por causa da sua força eu te aguardarei; pois Deus é a minha alta defesa.*
> *Salmos 59:9*

Davi aprendeu esse segredo apesar de ele mesmo ter caído nessa armadilha. Ele percebeu que enquanto esperava no Senhor mais o Senhor fortalecia o seu coração, e a sua carne e os seus desejos carnais iam-se enfraquecendo. Ele aprendeu também que a sua defesa está em Deus.

> *No demais, irmãos meus, fortalecei-vos no Senhor e na força do seu poder.*
> *Efésios 6:10*

Até parece que o apóstolo Paulo conhecia a sua vida e a minha quando escreveu isso para a igreja dos Efésios.

Quando eu digo como justificativa para os meus erros que eu fui fraco, é a mesma coisa que dizer que eu não tive forças suficientes para vencer aquela situação. Mas, aí vem Paulo e diz como se estivesse falando comigo: "Roberto, nas demais coisas, fortaleça-se no Senhor e na força do Seu poder".

Amado, seria hipocrisia de minha parte dizer a você que é fácil vencer a tentação sexual. Claro que não é. Para homem nenhum é fácil vencê-la. Nem pastor, nem padre, nem bispo, nem apóstolo, nem diácono, nem presbítero, enfim, para ninguém é fácil vencê-la.

Mas é exatamente aí que está o motivo da queda de muitos homens, inclusive, como eu já havia dito, até de homens cristãos.

Repare que eu disse que não é fácil **vencer** a tentação. Para eu vencer algo ou alguém é necessário acontecer um confronto. E eu entendo que é aí que muitos são derrotados. Logo, a grande jogada é não permitir que o confronto aconteça.

Você acha que se uma colega de trabalho se aproximasse de mim com uma saia bem curta, uma blusa bem decotada deixando os seus seios à mostra e me convidasse com uma voz bem melosa para tomarmos um suco depois do expediente, eu seria capaz de dizer não?

Ou pior, se essa mesma colega chegasse por trás de mim e começasse, como quem não quer nada (se bem que na verdade ela quer tudo), a fazer um cafuné na minha nuca, como se fosse uma brincadeirinha, isso não me afetaria? Isso não elevaria a minha adrenalina de 100 para 1.000.000 em 5 segundos? Claro que sim.

Mas para essa tal colega chegar neste nível de aproximação, neste nível de confronto, foi necessário que antes eu tenha permitido que ela ultrapassasse os limites. Na verdade, limites que eu nem cheguei a estabelecer.

Você percebeu que começamos a permitir a invasão e destruição do nosso casamento muito antes que algo de concreto venha a acontecer?

Há alguns anos atrás, todos os dias eu chegava ao meu local de trabalho, sentava à minha mesa e começava a me preparar para atender os clientes. Então uma colega se aproximava, casada, muito atraente, poderia dizer que ela era uma daquelas morenas que todos os homens param na rua para ver com muita atenção e sem nenhuma pressa. Pois bem, como disse, ela se encostava a minha mesa e dizia: *"Oi, bonitinho!"*. Apenas isso, mas com um olhar que falava muitas outras coisas. Depois da primeira vez que isso aconteceu eu decidi respondê-la nas vezes seguintes sem olhar para ela. Ou seja, eu escolhi como estratégia de defesa fugir do seu olhar, e deu certo. A cada dia ela foi percebendo que eu não correspondia ao seu interesse por mim e isso foi como uma água fria sobre o seu fogo sedutor. Até que ela desistiu por completo.

Glória a Deus!!! Por que dou glória a Deus? Porque essa mulher surgiu justamente quando eu estava no meio de uma enorme crise em meu casamento e tudo o que a minha carne desejava era alguém que pudesse me "consolar", entende?

Se eu tivesse decidido confrontá-la, com certeza eu teria sucumbido e não poderia estar agora testemunhando do que Deus fez em minha vida nesta área.

Não, meu amigo, é engano pensar que você pode suportar esse tipo de ataque sozinho. Por isso Paulo escreveu:

> *No demais, irmãos meus, fortalecei-vos no Senhor e na força do seu poder.*
> *Efésios 6:10*

Só há uma forma de nos fortalecermos, e é no Senhor e na força do Seu poder.

Talvez a sua história tenha sido esta. Uma mulher que foi se aproximando aos poucos. Como se dissesse a cada vez: *"Posso entrar na sua sala? Posso me aproximar da sua mesa? Posso me sentar? Você pode me ouvir um pouco? Posso contar um segredo no seu ouvido? Você pode pegar na minha mão, estou tão nervosa? Você pode me abraçar? Estou com tanto medo. Podemos conversar depois do trabalho? Tenho ainda muitas coisas pra te contar e você é tão compreensivo! Preciso te dizer uma coisa, nunca conheci alguém como você..."*

Preciso falar mais? Todo esse diálogo, ou parte dele lhe trás à lembrança alguma coisa? Pois toda essa conversa é exatamente a invasão dos seus limites. Um a um, todos vão sendo ultrapassados e quando você se dá conta já está na cama com a "gentil e meiga" colega. E enquanto você está na cama com ela, o seu casamento foi jogado no chão.

O que eu quis mostrar nesta parte deste capítulo é uma das formas que o inimigo usa para tentar nos afastar da bênção que Deus nos deu em nosso casamento. Mas neste capítulo eu falo principalmente ao homem que já cedeu, que já caiu, que já traiu a sua esposa e deseja desesperadamente restaurar o seu casamento.

Quero então agora voltar ao tema central. Há um texto na palavra de Deus que eu acho tremendo e diz:

> Mas, sobretudo, tende ardente amor uns para com os outros; **porque o amor cobrirá a multidão de pecados**.
>
> I Pedro 4:8 (grifo do autor)

Não tenho a menor dúvida de que sua esposa ainda o ama e muito, por isso é que ela sofre tanto. Mas para que possamos caminhar na direção da restauração é extremamente importante compreender a dimensão da dor que ela está vivendo.

O texto acima diz que o amor cobrirá multidão de pecados. É verdade, cobrirá, mas repare que o verbo está no futuro e isto quer dizer também que há um processo antes que a multidão de pecados seja inteiramente coberta.

A lógica masculina entende que basta pedir desculpas e tudo estará bem como antes. Ou seja, ele acredita que é possível continuar a partir de onde houve a queda e seguir em diante. E em sua mente ele crê piamente que tudo será como antes.

Lamento lhe informar que não é tão simples assim. Lembra-se da casa que foi assolada pela rocha que despencou sobre ela? Pois bem, é assim que está o coração de sua esposa.

O que vou dizer agora não é para lhe diminuir mais, mas para que você entenda de uma vez por todas a dimensão dos estragos que foram feitos.

Uma das primeiras coisas que acontece no coração feminino diante de um acontecimento como este é a perda da admiração que ela sentia pelo marido. Infelizmente ela não o admira mais, não há mais do que se falar com orgulho sobre o marido. E só isso já produz um sentimento de frustração muito grande.

Uma outra coisa que a esposa experimenta é a morte repentina dos seus sonhos. Não há mais futuro com esse homem, a casa caiu, foi inteiramente destruída e nada sobrou que pudesse gerar um pouco de esperança em seu coração.

O que encobre as suas transgressões nunca prosperará, mas o que as confessa e deixa, alcançará misericórdia.
Provérbios 28:13

Não tenha a menor dúvida de que tudo o que a sua esposa deseja hoje é poder acreditar que pode realmente confiar em você outra vez e que não corre riscos de viver de novo tão destroçadora experiência. Mas tenho de lhe dizer que a última pessoa de quem ela quer ouvir que tudo mudou e que daqui para frente será totalmente diferente, é você.

Como eu disse, uma nova construção está começando. Os escombros foram removidos? Ótimo. E eu entendo que essa etapa, em que os escombros são removidos, se equipara àquela em que ela permite que você continue morando dentro da mesma casa; com ela e seus filhos.

Na verdade não é isso o que ela quer, mas, ao mesmo tempo é isso o que ela mais deseja. Loucura, não é mesmo? Mas quem disse que as emoções de sua esposa estão no lugar neste momento? Lembre-se. Não há nada de pé. Tudo está extremamente bagunçado.

A leitura que podemos fazer com o fato de ela permitir que você continue dentro de casa é que, enquanto uma parte dela grita e exige que você vá embora e nunca mais volte, a outra, entretanto, vê uma possibilidade de mudança. Há uma voz no interior dela que diz que ela pode voltar a sonhar, que ela pode voltar a ser feliz e que talvez valha a pena tentar mais uma vez.

Mas é preciso que você entenda que as duas vozes falam muito altas e ao mesmo tempo. Então, deu pra perceber a grande luta que sua esposa enfrenta dentro de si mesma?

> *É semelhante ao homem que edificou uma casa, e cavou, e abriu bem fundo,* **e pôs os alicerces sobre a rocha**; *e, vindo a enchente, bateu com ímpeto a corrente naquela casa, e não a pôde abalar, porque estava fundada sobre a rocha.*
> Lucas 6:48 *(grifo do autor)*

Se os escombros foram removidos, agora vem a etapa da construção de novos alicerces. Esta pode até não parecer, mas é uma das etapas mais longas e difíceis deste processo. Sabe por quê? Porque a construção ou reconstrução da casa (do casamento) propriamente dita, não será feita por você, mas, sim, pelos dois. E saiba que ela não colocará nem um único tijolo enquanto não tiver total certeza e convicção de que o alicerce que foi construído é seguro (e a construção deste, sim, é de sua responsabilidade).

Sendo assim, você precisa de uma dose cavalar de paciência, determinação e perseverança.

Quero lhe fazer uma pergunta. Quanto vale pra você poder passar o resto dos seus dias ao lado de sua família? Você tem ideia do que é separar-se? Do preço que se paga ao se separar?

Conheço um homem cuja história foi inversa. Não foi ele que traiu a esposa, mas sim, ela que o traiu. Ele por sua vez, sendo cristão, fez de tudo para que o casamento não acabasse. Ele a perdoou, se humilhou, tentou por diversas vezes a restauração, mas, infelizmente, ela não quis. Inevitavelmente a separação aconteceu. Por muitas noites, depois, quando ele ia deixar os filhos em casa, ouvia seu filho mais novo de cinco anos, em lágrimas, dizer: *"Papai, não vai embora não, entra com a gente. Por que você tem que ir, papai? Não vai não! não vai não!"*. Aquele homem tentava consolar o filhinho dizendo que no dia seguinte eles estariam juntos novamente e fazendo um esforço enorme para não chorar enquanto falava. Quando por fim o filho entrava, esse homem descia pelas ruas aos prantos, de tanta dor que sentia.

Contei-lhe esta história verídica para tentar lhe mostrar uma das facetas da vida de um homem separado.

O mundo hoje tenta passar a ideia de que ser separado é legal, você não tem nenhum compromisso com ninguém, você está "livre". Será mesmo que é isso que as pessoas acreditam? Você já percebeu que todos os artistas que estão sozinhos, quando são entrevistados, sempre dizem que estão procurando alguém. Ou seja, o homem não consegue viver só, porque Deus disse:

> *E disse o SENHOR Deus: Não é bom que o homem esteja só; far-lhe-ei uma auxiliadora que lhe seja idônea.*
> Gênesis 2:18

Voltando ao nosso tema principal, como eu disse, a etapa do estabelecimento de novos alicerces é prolongada e difícil. Neste período, nenhuma palavra sua, dita a seu favor, poderá ser usada na construção do alicerce. Só há um tipo de material do qual o alicerce será constituído: **ATITUDES**. Porém, mesmo que você as tome, sua esposa durante algum tempo não conseguirá acreditar que elas são sinceras e verdadeiras. E este é um dos preços a se pagar. Não adianta você querer que as coisas se resolvam rapidamente, pois não é assim que funciona com a mulher. Você terá de ser paciente. Lembra-se do esforço que você fez para conquistá-la? Agora esse esforço terá de ser multiplicado. Por quanto? Depende de cada mulher e do tamanho do estrago causado. Mas eu garanto a você que vale a pena todo esse esforço, se o seu desejo realmente é restaurar o seu lar.

Mas neste ponto preciso dizer que todo o seu esforço será inútil se você não seguir uma única regra, que sim-

plesmente é a principal e se torna a coluna central de toda essa reconstrução:
SE o SENHOR não edificar a casa, em vão trabalham os que a edificam; se o SENHOR não guardar a cidade, em vão vigia a sentinela.
Salmos 127:1

Sabe de uma coisa, amigo? Deus é o grande arquiteto. Lá atrás eu disse que nem você e nem eu podemos pelas nossas próprias forças vencer o inimigo. Da mesma forma também não poderemos construir ou reconstruir nada se Deus não fizer parte dessa obra.

Talvez você nem seja alguém religioso. Então, a minha palavra pra você é que chegou o tempo de você se preocupar um pouco, pra não dizer muito, com a sua vida espiritual. Tudo isto aconteceu em sua vida exatamente porque você estava, ou está, distante de Deus. Pode ser que para você Ele seja apenas um velho rabugento que vive lá em cima e não está nem aí para sua vida e nem para a de ninguém. Mas há um texto na palavra de Deus que diz o seguinte:

Eis que estou à porta, e bato; se alguém ouvir a minha voz, e abrir a porta, então entrarei em sua casa, cearei com ele, e ele comigo.
Apocalipse 3:20

Deus sempre quis fazer parte da sua vida. Ele sempre desejou lhe ajudar, mas Ele não invade, não arromba, não violenta. Como diz o texto, Ele está batendo na porta do seu coração. Se hoje você O está ouvindo então abra a porta, pois só assim, como diz a palavra de Deus, Ele vai entrar e sentar com você, jantar com você, conversar com você, ouvir o que você tem a dizer, mas também irá poder dizer algumas coisas que você precisa saber.

Houve um homem que até era bem religioso, não fazia mal a ninguém, ajudava aos pobres, era rico e íntegro em todas as suas atitudes. Mas depois que este homem passou por muitas dores e aflições, com a permissão de Deus, pouco antes de Deus restaurar-lhe tudo o que ele havia perdido, este homem declarou o seguinte:

> ENTÃO respondeu Jó ao SENHOR, dizendo: antes eu o conhecia só de ouvir falar, mas agora os meus olhos te vêem.
> Jó 42:1,5

Talvez, na verdade, você conheça Deus só de ouvir falar, mas hoje Ele quer se revelar a você e a toda a sua família. Tudo o que a gente recebe por estar longe de Deus são perdas, dor e muito sofrimento. Porque para isso o inimigo trabalha todo o tempo.

> O ladrão não vem senão a roubar, a matar, e a destruir; eu vim para que tenham vida, e a tenham com abundância.
> João 10:10

O inimigo veio para roubar a sua felicidade e da sua família, mas Jesus veio para que você tenha vida e a tenha em abundância.

Quero concluir este capítulo dizendo que, se você perseverar no seu propósito de restaurar o seu casamento, caminhando segundo a palavra de Deus, a sua vitória será inevitável.

O início de todo este processo é a confissão do pecado, assim como o abandono do mesmo.

> Se confessarmos os nossos pecados, ele é fiel e justo para nos perdoar os pecados, e nos purificar de toda a injustiça.
> I João 1:9

Depois disso, a escolha de caminhar com Deus, em Cristo Jesus, para que você experimente tudo novo.

> *Assim que, se alguém está em Cristo, nova criatura é; as coisas velhas já passaram; eis que tudo se fez novo.*
> *II Coríntios 5:17*

A partir de então será o Espírito Santo que concluirá essa grande obra.

Há um texto na Bíblia que faz alusão a uma casa e, no contexto, esta referida casa é a casa de Deus, quando o profeta Ageu chama a atenção do povo de Israel, que abandonou a obra de reconstrução do templo para cuidar apenas dos seus interesses particulares. E no seu discurso ele diz:

> *A glória desta última casa será maior do que a da primeira, diz o SENHOR dos Exércitos, e neste lugar darei a paz, diz o SENHOR dos Exércitos.*
> *Ageu 2:9*

Sei que o texto não está falando de casamento, mas eu quero parafrasear Ageu e dizer profeticamente a você o que ele diz neste texto, que a glória da segunda casa em sua vida será maior do que a primeira, e nesta casa Deus dará a paz.

Amém?

Deus lhe abençoe profundamente nesta empreitada tão difícil; no entanto, se você O tiver como construtor principal, certamente ela será concluída e abençoada.

> *Eis que eu sou o SENHOR, o Deus de toda a carne; acaso haveria alguma coisa demasiadamente difícil para mim?*
> *Jeremias 32:27*

CAPÍTULO 10

SÓ PARA OS NOIVOS

SENTI NO CORAÇÃO O desejo de escrever este capítulo especialmente para aqueles que estão noivos.

Há alguns cuidados para os quais quero chamar à sua atenção quanto ao dia do casamento (cerimônia e festa) e, subsequentemente, à noite de núpcias.

Não tenho aqui a intenção de ensinar "missa ao padre", haja vista que muitos rapazes hoje já têm experiência sexual. Mas não é sobre sexo que desejo falar, mas sobre outras coisas que creio poderão marcar a primeira noite de sua noiva, como sua esposa, para sempre.

Só espero que estas marcas sejam boas e não traumáticas, como tem sido a experiência de milhares de mulheres, justamente por causa da desinformação de muitos rapazes que pensam que o que importa na noite de núpcias é que suas jovens esposas os vejam como "grandes garanhões", entendendo com isso que, assim, elas serão extremamente felizes em sua primeira experiência sexual na vida.

Este, certamente, é um dos maiores enganos difundidos no meio da juventude. Então desejo pedir a sua atenção para conversarmos um pouco sobre tudo isso.

Quero começar com uma pergunta: para quem é feita a cerimônia e a festa de casamento? Quem é a pessoa mais importante de toda a cerimônia? Se você não sabe responder, ou não tem muita certeza, deixe-me ajudá-lo. A pessoa mais importante em uma cerimônia de casamento é a noiva. Isso mesmo, a noiva. Tudo o que for feito e preparado, deve ser feito com a intenção de tornar aquele dia e aquela noite inesquecíveis para ela. Calma! Eu vou explicar tudo direitinho pra você. Vamos por partes.

I. O Casamento

Quando as pessoas começam a chegar à igreja, a expectativa delas está sempre em cima da chegada da noiva, porque via de regra o noivo já está na igreja e já recebe alguns cumprimentos, mas todos aguardam com ansiedade a chegada da pessoa mais importante deste evento, **a noiva.**

Entenda, não estou menosprezando o noivo, mas, na verdade, ela é a figura central do casamento, até mesmo porque ela vai guardar cada detalhe de toda a decoração da igreja, das pessoas presentes, da cor das flores, das músicas e da palavra do ministro.

Quero, então, fazer-lhe uma pergunta; o que você comeu no almoço de três dias atrás? Com certeza você não se lembra, não é verdade? Pois bem, o casamento é tão importante para ela que, sem dúvida nenhuma, ficará em sua memória por toda a sua vida.

Tendo em vista todas estas coisas, aqui vão algumas sugestões para este dia.

1. Não se preocupe em dar atenção especial a nenhum convidado; deixe que seus parentes façam isso. A única pessoa que merece **"TODA"** a sua atenção é a sua esposa.
2. Quando ela apontar na porta da igreja, olhe para ela e não tire os seus olhos dela, porque a partir deste momento não há ninguém mais importante naquele salão do que ela.
3. Durante toda a cerimônia de casamento, segure em sua mão com carinho, acariciando-a com o seu polegar de vez em quando, demonstrando neste pequeno gesto como você está feliz em tê-la ao seu lado e principalmente em estar se casando com ela.
4. Quando for declarar os seus votos, faça-o olhando nos olhos dela. Não olhe para padrinhos, mãe, pai, etc. Olhe só para ela e, de preferência, fale firme e em voz audível.
5. Se você tiver controle emocional, diga algo para ela, no microfone, algo que saia do seu coração e não apenas aquilo que o pastor falou para você repetir.

6. Ajude-a a descer as escadas do altar com muito cuidado e carinho, demonstrando o quanto ela é preciosa pra você.

II. A Festa

A festa é um momento de alegria e celebração pelo casamento de vocês. É, também, um momento de descontração. Para a festa não existem, ou pelo menos não deveriam existir, cerimoniais. Então festeje, celebre, alegre-se muito, porém sempre junto dela. Quero também dar algumas dicas que espero possam ajudar-lhe.

Normalmente, durante a festa há uma infinidade de fotos e cumprimentos.

1. Fique atento e de vez em quando providencie um copo de refrigerante para ela juntamente com uns salgadinhos.
2. Ajude-a quando se locomover na festa, caso a cauda do vestido dela seja longa.
3. Seja simpático quando ela lhe apresentar os amigos de infância ou do trabalho.
4. Sei que é difícil, mas tenha paciência durante a festa e não tente apressar a saída de vocês. Lembre-se: tudo isto é novo para ela e o que está por vir mais ainda.
5. Ao sair para a lua de mel, dê um abraço bem apertado no seu sogro e um beijo carinhoso em sua sogra, transmitindo a eles o carinho e o respeito que tem por eles e por sua filha.

III. A lua de mel

Este é, sem dúvida, o momento principal de todo este evento.

Não porque vocês irão se relacionar sexualmente, mas sim porque, dependendo de como você conduzir esse momento, o seu casamento será abençoado para toda a vida ou será terrivelmente marcado também para toda a vida.

É importantíssimo que o rapaz saiba como está a sua noiva neste momento, porque certamente as suas expectativas não são as mesmas que as dele. Principalmente se ela não teve nenhuma experiência sexual antes do casamento.

Por mais que se leia, que se ouçam testemunhos e conselhos de mãe, irmã, tias, primas e amigas, o coração da noiva estará experimentando um misto de sentimentos. Alegria, felicidade, amor, mas também, um pouco de medo, ansiedade e dúvidas sobre se terá uma boa experiência com você.

O seu medo está diretamente ligado ao fato de ela não saber e não ter como sabê-lo antes, se você será carinhoso, suave, e, principalmente, se não irá machucá-la.

Não sei se você sabe, mas há muitas mulheres que foram praticamente estupradas em sua lua de mel por seus maridos. Pelo simples fato de eles não saberem o básico para que essa noite se tornasse a noite mais maravilhosa na vida de sua jovem esposa e da qual ela viesse a se orgulhar por toda a sua existência.

Sendo assim, vamos considerar algumas coisas?

Bom, em primeiro lugar, onde está escrito que a primeira relação tem de acontecer na primeira noite, ou seja, na noite do casamento e da festa?

Em segundo lugar, vocês estão só começando uma vida a dois, e terão muitas noites para se conhecerem e se deliciarem um com outro.

Então não tenha pressa de querer fazer tudo na primeira noite, como se esta fosse também a última.

Como já disse antes, não quero ensinar a ninguém como se faz, por isso não iremos entrar em detalhes mais íntimos, mas, se você achar interessante, aqui vão algumas dicas que poderão abençoar esta noite tão especial para "ela".

1. Lembre-se de que ela não mudou só porque vocês se casaram. Ela continua sendo a mesma namorada de algumas horas atrás; por isso continue tratando-a com o mesmo carinho com que sempre a tratou.

2. A Bíblia diz que há tempo para todas as coisas na Terra, e a relação sexual não é exceção. Então entenda que a sua "Noite de núpcias" também pode acontecer numa tarde ou numa manhã. Para tanto, basta que os dois relaxem e deixem que as coisas transcorram normalmente, sem pressão e sem "forçação de barra", entendeu?
3. Quando chegar o momento, e você saberá que ele chegou, não tenha pressa. Tudo que é feito com amor, com gosto, com alegria, é feito melhor. Comece namorando-a, sem nenhuma pré-intenção. Apenas mostre todo o seu amor por ela, com carinhos, palavras, (lembra-se do capítulo 2? Se não, leia-o de novo) e aguarde, pois haverá resposta da parte dela, e certamente será algo muito natural.
4. Quero falar de algo biológico. Não sei se você sabe, mas a mulher, em sua constituição física, normalmente, quando excitada, tem a sua região genital (vagina), lubrificada. Mas às vezes, dependendo da mulher e do seu emocional, esta lubrificação não acontece. Já nós, homens, não dispomos destes "dispositivos" que o nosso Deus concedeu às mulheres. Por isso, não seria ruim, nem tão pouco atrapalharia em nada, se o noivo "precavido" levasse para esse momento um creme lubrificante *(cuidado!!! Deve ser algo neutro. Não sou médico para prescrever algum creme, mas a minha orientação é que você procure um médico que o possa orientar quanto ao tipo de creme que se pode usar numa ocasião como essa e que não oferece nenhum tipo de risco para a sua esposa)*.
5. Há uma outra coisa que quero falar que, infelizmente, muitos rapazes "espertos" desconhecem. E volto a dizer que isto que estou falando é principalmente para aqueles que ainda não tiveram nenhuma experiência sexual. É importante que você saiba que o tamanho do pênis (comprimento e diâmetro) não tem nada a ver com o prazer da mulher. Portanto, se você, porventura, é o que

se chama por aí de "bem dotado", não fique muito alegrinho não, como se estivesse em grande vantagem sobre os demais, pois, se você não tiver sabedoria, toda esta "vantagem" pode vir a se tornar um "grande" pesadelo para a sua esposa.

E agora vem uma informação que muitos não sabem. Assim como os homens têm diferença entre si no tamanho do pênis, assim também as mulheres têm diferença entre si no tamanho da vagina (comprimento e largura). Talvez você possa estar rindo um pouco agora, mas vamos considerar a importância que este assunto tem? Considere a hipótese de você ter um membro menor e sua esposa ter uma vagina maior. Não se preocupe, pois sendo assim não haverá nenhum problema; ela poderá alcançar o orgasmo da mesma forma. Agora considere a outra hipótese, de seu membro ser maior e sua esposa ter uma vagina menor, ou seja, rasa. Se você, na lua de mel, não tiver cuidado no momento da penetração, poderá proporcionar-lhe dor ao invés de prazer e até mesmo feri-la.

O problema maior não será a ferida local que poderá ser feita, mas a ferida na alma, que perdura, muitas vezes, por anos. É necessário entender que tudo o que a moça deseja para o momento da sua lua de mel é se tornar mulher nos braços do homem a quem ela ama tanto. Mas a sua expectativa também é de que esse momento seja doce, suave, meigo, cheio de carinho e de amor. Inesquecível. É sabido que o homem tem maior controle da razão do que a mulher, quando excitado. Por isso cabe a você, jovem noivo, a condução deste momento tão precioso e importante na vida de sua esposa. Não tenha pressa, não se permita ser violento, movido por sua fome sexual. Saiba esperar o melhor momento. Exerça o seu controle emocional para que tudo saia maravilhosamente bem. E eu sei que no futuro, quando no meio de amigas surgir o assunto lua de mel, a sua esposa poderá dizer orgulhosa:

"A minha lua de mel foi fantástica e maravilhosa. Na verdade, inesquecível".

Já reparou que todas as vezes que uma mulher diz que sua lua de mel foi um fracasso, horrível, traumatizante, a culpa, também, sempre é do homem? Por que será isto? Porque, certamente, a culpa realmente foi do homem.

Não porque ele seja um mau caráter, um pervertido (ainda que alguns o sejam), um depravado, mas na verdade, acima de todas estas coisas, ele era um grande desinformado. Alguém que não conhecia o corpo de sua esposa, nem a sua alma (sentimentos, desejos e expectativas) e, principalmente, não conhecia a vontade de Deus para ele. Por isso, tantos casamentos são condenados a um inevitável fracasso já na lua de mel.

Muitos homens, por falta de conhecimento, marcam suas esposas de uma forma tão dolorosa (e isto por toda a "vida"), que se não houver um momento de quebrantamento e liberação de perdão, pela intermediação do Espírito Santo, dificilmente haverá cura para eles.

Meu amado, não quero jogar sobre você um peso que não seja capaz de suportar. Nem, tão pouco, lhe trazer uma culpa por algo que ainda não aconteceu, e em nome de Jesus não irá acontecer, mas o meu desejo sincero é que sua lua de mel seja algo tão maravilhoso para sua esposa quanto para você.

Até a data do casamento, sua namorada conhece-o de uma forma apenas e por apenas um prisma. No casamento é que vocês se tornarão uma só carne. No casamento é que ela saberá se todas as palavras que você disse para ela durante todos os anos de namoro e noivado foram verdadeiras.

Não se preocupe em se exibir na lua de mel, como que querendo impressioná-la. Saiba, ela não requer isso de você. Ela o ama tanto que o seu maior desejo é conhecer você como realmente é, e também ser conhecida por você como ela realmente é.

Na lua de mel não há, necessariamente, regras que devam ser seguidas, guardando, obviamente, o limite do respeito. Eu creio que a única regra que deve valer durante a lua de mel é a de tentar fazer do outro a pessoa mais feliz da Terra.

Portanto, que Deus o abençoe profundamente, e lhe dê sabedoria, sensibilidade e amor.

CONCLUSÃO

Como concluir um livro como este? Que palavras poderiam resumir tudo o que até aqui foi dito?

Creio que a melhor maneira de concluir todo esse assunto, que não se esgotou neste pequenino livro e nem tínhamos a pretensão de fazê-lo, é usando a palavra daqu'Ele que conhece como ninguém o homem e a mulher.

Aquele que não somente é a fonte de todo o amor, como é o próprio amor. Certamente a melhor forma é através da Palavra de Deus.

> *Vós, maridos, amai vossas mulheres, como também Cristo amou a igreja, e a si mesmo se entregou por ela.*
> *Efésios 5:25*

Espero que de alguma forma eu possa ter abençoado a sua vida, o seu casamento ou o seu noivado.

Se enquanto você está lendo este livro o seu casamento passa por uma grande crise, creia em um Deus que pode trazer à existência o que não existe.

Se você ou ela chegou à conclusão de que não existe mais amor, mas, **sinceramente**, bem lá no fundo do seu coração, naquele lugar onde ninguém penetra, existe o desejo de que aquele amor lá do início do relacionamento renasça, então pare tudo o que está fazendo imediatamente e faça esta oração ao Senhor, que tem prazer nas misericórdias, segundo a Sua palavra.

"Senhor, não tenho mais forças para lutar e sei que até aqui cometi uma infinidade de erros por acreditar nas minhas estratégias, mas agora eu me rendo a Ti e suplico: toma o controle de minha vida, de meu casamento e do meu futuro.
Faz em mim a Tua vontade e em nome do Senhor Jesus, Teu Filho amado, traz à existência o amor que em meu coração já não existe mais, porque eu creio em Ti e na verdade da Tua Palavra.
Por isto eu Te louvo, Te agradeço e Te peço em nome de Jesus, Amém!".

CAPÍTULO BÔNUS

SOCORRO!!! MINHA MULHER CONTRATOU UM MARIDO DE ALUGUEL!!!

CALMA! ISTO NÃO QUER dizer necessariamente o que você está pensando. Se você não sabia, fique sabendo que esta é a mais recente profissão no mercado de trabalho. Marido de aluguel, ou seja, homens que colocam anúncios em jornais oferecendo os seus serviços para fazer reparos domésticos como trocar lâmpadas queimadas, consertar torneiras que não param de pingar, fazer pequenos consertos e reparos dentro de casa quando as mulheres contam com um marido inapto para tais atividades.

Toda casa ou apartamento necessita de manutenção periódica. Esta é a melhor maneira de se evitar maiores transtornos no futuro. Em uma casa devemos verificar o telhado, a pintura externa, as calhas, o muro, os portões, a calçada, fora os elementos internos comuns aos de um apartamento, quais sejam, a parte hidráulica, elétrica, pintura interna, etc.

Há algumas coisas que você pode realizar perfeitamente dentro de casa, mesmo sem ser um especialista e assim conseguir a admiração e o orgulho de sua esposa.

Sem nenhuma vaidade ou falsa modéstia (e digo a verdade quando falo isto), tenho, recebido de Deus, o talento de saber lidar com algumas áreas dentro de casa. Por exemplo: eletricidade, hidráulica, carpintaria, alvenaria, alguma coisa de eletrônica (neste caso, é claro que fiz um curso), etc.

Meu objetivo ao escrever este capítulo é tentar passar para você, marido que não sabe nem trocar uma lâmpada, que na verdade nem isto e nem outra coisa qualquer dentro de casa (guardadas as devidas proporções) é um bicho de sete cabeças. Você vai ver que após ler este capítulo estará apto a fazer alguns reparos em casa sem a ajuda de ninguém, muito menos de um marido de aluguel.

Então vamos lá. Que tal começarmos por uma área em que muitos morrem de medo?

A Eletricidade

Vamos primeiro entender como ela funciona. Ter uma noção básica ajuda muito neste e em outros casos.

Desejo passar isto para você de forma bem resumida. As usinas hidroelétricas, atômicas ou outras quaisquer geram a eletricidade e a enviam para a sua casa. Bem, a eletricidade nada mais é do que uma carga elétrica conduzida por um fio de metal (normalmente cobre) e que proporciona o "trabalho" dos aparelhos eletroeletrônicos que possuímos em casa. O que precisamos saber é que a eletricidade por si só não faz nada, mas ela precisa do seu complemento, ou seja, o que chamamos, a grosso modo, de "terra". O fio conduz a corrente elétrica, que por sua vez entra no aparelho elétrico (chuveiro, ferro de passar, geladeira, TV, lâmpada, etc), percorre todo o seu circuito (como se fosse um caminho pelo qual a corrente elétrica passa), é processada e transformada em alguns casos, e sai em direção à terra. Deste modo o circuito está fechado e completo e por isso o aparelho funciona.

Quando acionamos o botão liga/desliga de um aparelho qualquer, o que estamos fazendo é simplesmente fechando o circuito ou abrindo (interrompendo) o mesmo.

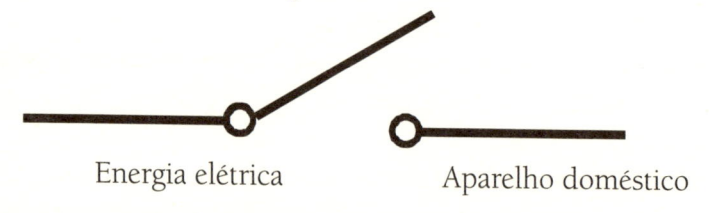

Energia elétrica   Aparelho doméstico

Vem daí o nome que conhecemos como *interruptor*, dado àquele botão na parede que utilizamos para acender ou apagar a luz de um cômodo. Na verdade o que ele faz é interromper o fluxo da corrente elétrica ou liberá-lo para que chegue à lâmpada e esta possa acender.

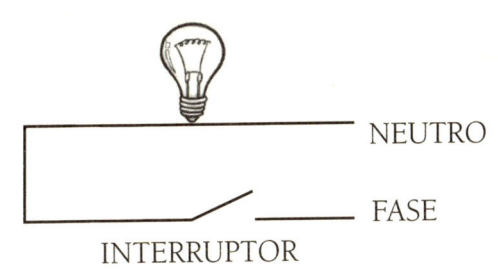

```
            NEUTRO
            
            FASE
INTERRUPTOR
```

Todo aparelho elétrico, para funcionar, necessita de um fio condutor de eletricidade ao qual iremos chamar de "fase", e de outro fio ao qual iremos chamar de "neutro". Basicamente você só necessita saber disto. Se você colocar a mão em um fio-fase desencapado, ou seja, sem a proteção isolante que o envolve, tendo os seus pés descalços ou com uma das mãos em contato com a parede, então certamente você sofrerá uma descarga elétrica porque estará fechando o circuito, conduzindo através de seu corpo a corrente elétrica para o neutro.

Portanto há duas formas de se tratar com a eletricidade em casa de forma segura.

1. Desligando-se o disjuntor geral da casa. (chave geral)

Mas, se por algum motivo não for possível desligar a chave geral da casa, então vamos para a segunda opção.

1. Estando protegido com calçados isolantes (tênis ou solado de borracha).

Se você utilizar uma destas formas, certamente estará seguro e não correrá risco desnecessário. É importante ressaltar que também não devemos segurar os dois fios ao mesmo tempo (fase e neutro), se estes estiverem desencapados, mesmo se estivermos isolados com calçados, pois também desta

forma estaremos fechando o circuito e receberemos uma descarga elétrica.
Vamos, então, abordar agora alguns pontos práticos.

Trocar uma lâmpada

Seguindo uma das duas medidas de proteção, não é preciso ter medo, basta segurar o bocal com firmeza e girar a lâmpada no sentido anti-horário. Caso a lâmpada tenha se quebrado, você pode tirar a parte de metal com um alicate com o cabo isolado, girando no mesmo sentido.

Trocar um interruptor ou tomada

Após retirar o espelho que protege o interruptor/tomada, solta-se os parafusos de fixação do interruptor/tomada. Puxando-o para fora da caixa afrouxam-se os pequenos parafusos que fixam os fios (fase e retorno para a lâmpada), retira-se o interruptor danificado e coloca-se o novo na mesma posição do anterior, recolocando os fios e não deixando de apertar de forma segura os parafusos de fixação para que os fios não se soltem mais tarde, provocando assim um curto-circuito.

Trocar um disjuntor

Para trocar um disjuntor se faz necessário desligar o disjuntor geral da casa. Feito isso, solta-se os parafusos da haste de fixação do disjuntor para poder manipulá-lo com mais facilidade. Fique atento na posição do disjuntor danificado, pois o substituto deverá ser colocado na mesma posição. Observe que o botão do disjuntor está na posição "ligado" quando acionado para cima, e, obviamente, desligado quando acionado para baixo. Tendo recolocado os fios na mesma posição que estavam no outro disjuntor, recoloque novamente a haste de fixação do disjuntor na caixa de luz.

Fazendo uma extensão elétrica

Toma-se um fio na metragem que se desejar, porém este deve ser do tipo paralelo, ou seja, são dois fios unidos no isolante, porém, isolados um do outro. Compra-se duas tomadas, uma do tipo fêmea e a outra do tipo macho. As duas possuem em seu interior dois pequenos parafusos de fixação, onde devem ser fixadas extremidades dos fios devidamente "descascados".

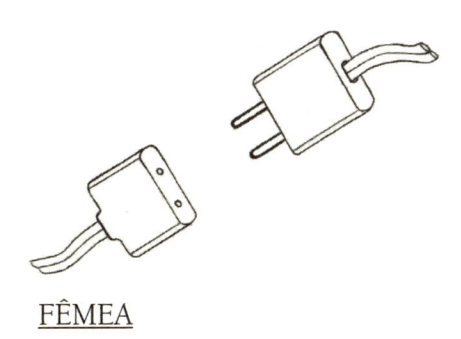

MACHO

FÊMEA

ATENÇÃO: É de extrema importância saber qual será a utilização desta extensão, pois, dependendo do aparelho que será ligado nela, a bitola (diâmetro) do fio será diferente. Se você for ligar uma geladeira, um ferro de passar, ar-condicionado, um micro-ondas ou outro aparelho que necessite de muita energia, o ideal é que não se utilize extensão elétrica, mas se isso não for possível então o diâmetro deverá ser compatível com o trabalho que o referido aparelho realizará. Neste caso, deve-se consultar um eletricista para saber qual o diâmetro certo para esta extensão.

A Hidráulica

Outro problema muito comum nas casas e apartamentos é a parte hidráulica. Quem já não teve uma torneira pingando, ou aquele fiozinho de água escorrendo na parte de trás da torneira pela parede da cozinha ou do banheiro? Pois é, creio que todos nós. Então o que podemos fazer em relação a esses pequenos problemas? Vamos ver isso agora mesmo.

1) Um dos problemas mais comuns e frequentes é o pinga-pinga das torneiras, causado tão somente pelo desgaste natural da famosa "carrapeta". Para reparar esse defeito basta apenas ter em mãos uma chave grifa, uma chave bico de papagaio ou ainda uma chave inglesa pequena. Em algumas torneiras o acesso à carrapeta se dá através de um pequeno parafuso. Porém, para poder fazer esta manutenção é necessário fechar o registro geral da entrada de água. Normalmente existe um para a cozinha e outro para o banheiro e, via de regra, eles estão localizados no alto da parede.

Feito isso podemos começar a troca afrouxando a parte superior da torneira, onde existe um sextavado, com uma das chaves citadas (se sua torneira for cromada, você deve usar um pano para que os dentes da ferramenta não arranhem o cromado).

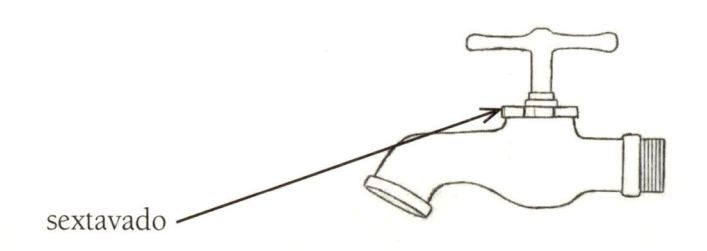

sextavado

Ao retirar a parte superior da torneira a carrapeta ficará exposta, podendo facilmente ser removida com a mão. É necessário, porém, ressaltar que existem dois tamanhos de carrapetas: ½ e ¾ de polegada. Se você não souber qual o tamanho da carrapeta de sua torneira, ou você leva a carrapeta à loja de material hidráulico para comprar outra igual ou compra duas, uma de cada medida.

Colocada a peça nova, recoloca-se a parte superior no lugar e aperta-se outra vez, não sendo necessária muita força para isso.

Pronto, esta parte está consertada, mas aí a sua esposa chega pra você e reclama que a pia está sempre molhada, porque está correndo um fio de água na parede vindo da base da torneira. O que fazer? Calma, não há o menor problema. Se você ainda está com o registro fechado, continue por mais um pouco de tempo para realizar mais este conserto. Assim como o outro, este também é muito simples. Usando a mesma chave, solte a torneira da parede, girando-a no sentido anti-horário (cuidado com o cromado). Neste caso não há peças a serem trocadas, mas apenas a instalação deve ser refeita. Após retirar a torneira da parede, limpe a rosca interna na parede e a rosca da própria torneira. Feito isso, coloque na rosca da torneira umas quatro a cinco voltas de vedante feito à base de um material chamado "teflon". Para os que não conhecem, é uma pequena fita branca que ajuda na impermeabilização do local. Tendo colocado o teflon, recoloque a torneira no lugar e vá apertando aos poucos, com movimentos leves, sem violência, até que você sinta que ela está segura e, principalmente, com o seu bico para baixo, é claro, né!!!

Rosca da torneira (lugar onde se deve passar o teflon)

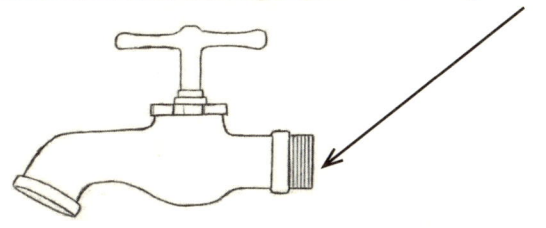

Bom, agora que a seção torneira está concluída, vamos então ao teste deste primeiro conserto hidráulico de sua vida. Abra lentamente o registro geral e observe se está vazando água por alguma parte da torneira; se estiver, você pode apertar um pouquinho mais e ver se resolve. Se ainda assim não resolver, você deve repetir todo o processo.

2) Outro elemento da parte hidráulica de uma casa é o chuveiro. Algumas vezes ele pode parar de esquentar (para o caso de chuveiros elétricos) e então surge o dilema de como consertá-lo. Alguns pensam que o jeito é jogá-lo fora e comprar outro. Calma! Não é necessário fazer isso. Todo chuveiro elétrico possui uma resistência elétrica descartável. Ou seja, quando ela se parte com o uso pode ser facilmente substituída.

Como eu orientei no capítulo sobre eletricidade, desligue o disjuntor do chuveiro (sempre há um disjuntor específico para o chuveiro), abra o chuveiro desatarraxando a parte onde ficam os furos pelos quais sai a água para o banho. Feito isso, é possível que exista um diafragma de borracha, o qual deve ser retirado, deixando assim exposta a resistência (elemento de metal na forma espiral com três conectores em seu corpo). Com um alicate solte as extremidades da resistência que estão conectadas nos contatos elétricos, remova a resistência danificada e coloque a nova na mesma posição da outra, após o que, recoloque o diafragma no lugar. Basta então recolocar a tampa com os furos.

Importante: Em primeiro lugar abra a água com o chuveiro na posição "fria" ou "verão"; para ser mais claro, com o chuveiro desligado, porque o chuveiro só deve ser ligado depois de completamente preenchido de água, caso contrário você queimará a resistência nova. Após isso você pode fazer o teste para saber se ele está aquecendo a água. Religando o disjuntor do chuveiro, basta passar o botão seletor de temperatura para a posição "quente" ou "inverno".

3) Para a troca do rabicho da torneira da pia do banheiro (rabicho = tubo plástico branco flexível com dois conectores de roscas nas extremidades, que conduz a água para a torneira), basta apenas fechar o registro geral do banheiro e manualmente desatarraxá-lo, girando no sentido anti-horário. Um dos lados do rabicho está conectado à entrada da torneira, cuja parte inferior é rosqueada na medida de ½ polegada, a mesma medida do rabicho. O outro lado é conectado a um cano na parede

através de uma peça chamada "niple", que nada mais é do que um pequeno tubo rosqueado dos dois lados, com um sextavado no centro. Ao trocar um rabicho, deve-se colocar o vedante de teflon tanto na torneira como no niple e aí, manualmente, atarraxar o rabicho novo nos dois. Sua força manual é suficiente para vedar totalmente os dois lados.

4) Quando a pia da cozinha está entupida ou a água está descendo de forma muito lenta, provavelmente o sifão está com excesso de sujeira e precisa ser limpo.

Atualmente existem dois tipos de sifão, o tradicional e um que classificamos de "italiano" (é um tubo ondulado e flexível). Normalmente o tipo "italiano" não entope, mas caso isso aconteça é possível limpá-lo também. Para se limpar o sifão do tipo tradicional, da pia da cozinha ou da pia do banheiro, basta desatarraxar o copo situado na parte inferior do sifão. No momento em que for desatarraxar o copo é aconselhável colocar-se um balde sob o sifão, porque sempre fica acumulada água dentro dele.

Feito isso, protegido por uma luva de borracha, retira-se a sujeira do copo e da tubulação do sifão. Para ajudar na limpeza das partes onde sua mão não alcança, basta abrir a torneira que a própria água irá empurrar o restante da sujeira para dentro do balde. Depois de tudo limpo, basta recolocar o copo no lugar outra vez dando um aperto firme com as próprias mãos. Não é necessário usar ferramentas no copo.

No caso do sifão tipo italiano basta soltá-lo da parede e direcioná-lo para o balde. Colocando a tampa no ralo da pia, abre-se a água até encher a pia. Agora, com a outra extremidade do sifão direcionada para o balde, retira-se a tampa do ralo da pia deixando a água descer pelo sifão. A pressão da água normalmente é suficiente para desimpedir a obstrução.

5) Outro problema muito comum é o ralo entupido. Para desimpedir o ralo, pode-se utilizar um arame de aço tendo a sua extremidade encurvada na forma de um pequeno gancho.

Introduzimos o arame na saída de água do ralo e prosseguimos com movimentos constantes, colocando e puxando o arame até que a sujeira que obstrui a saída d'água saia e a água que estava retida no ralo flua livremente.

A Pintura

Aqui vamos tratar de uma pintura de manutenção. Por isso os cuidados são básicos e relativamente fáceis. Para se fazer uma boa pintura se faz necessário preparar a superfície a ser pintada. O primeiro cuidado é observar se há bolhas de ar na parede. Na verdade essas bolhas surgem pelo fato de a massa corrida soltar-se com o tempo em alguns lugares da parede. Neste caso, usando-se uma espátula de aço, deve-se raspar essas bolhas, que podem até ocupar uma parte maior na parede. Não importa, seja do tamanho que for a parte solta, esta deve ser removida totalmente.

Feito isso, deve-se limpar essa área de toda a poeira restante com um pano úmido. Então, usando a espátula ou uma desempenadora de aço, aplica-se a massa corrida na parte em que foi removida a massa anterior. Coloca-se o suficiente para cobrir a quantidade que foi removida. Depois de se ter restaurado todas as partes da parede que estavam ocas, espera-se vinte e quatro horas para que a massa possa secar totalmente. Passado este tempo, com uma lixa n° 120 para parede/madeira, lixa-se as áreas dos consertos até que essas partes fiquem bem lisas. Depois de toda a massa que foi colocada na parede ter sido lixada, então limpa-se outra vez a parede com um pano úmido para retirar o pó. Concluída essa etapa, vamos então para o preparo da tinta.

A tinta deve ser à base d'água (PVA) e de boa qualidade. A cor e a marca são de sua escolha. Se for uma tinta de primeira qualidade, ela provavelmente virá em forma de uma massa espessa na qual deverá ser adicionado até 20% (vinte por cento) de água, e deve-se misturar bastante com um pedaço de pau até que se tenha uma solução homogênea.

Temos então a tinta preparada e a superfície limpa e pronta. Agora vamos preparar o local de pintura com as devidas precauções de limpeza. Antigamente usavam-se jornais para forrar o chão no intuito de protegê-lo, mas hoje você pode comprar em uma casa de material de construção alguns metros de um plástico preto próprio para obras. Ele atenderá perfeitamente à necessidade de proteger o chão. Outra ferramenta que será necessária nessa etapa de proteção será a fita crepe, que será colocada ao redor dos portais e das janelas para que estes não sejam pintados também, lembrando que as fitas só devem ser removidas após a secagem da tinta.

A última coisa que falta dizer é quanto ao tipo de rolo e pincéis que devem ser utilizados. O rolo deve ser de boa qualidade para que a pintura seja mais fácil e mais homogênea. Para isso eu sugiro o rolo do tipo "lã de carneiro", e quanto aos pincéis para fazer os detalhes ao redor das portas, janelas e rodapés deve-se usar "trinchas", de aproximadamente uma ou duas polegadas de largura.

Pronto, agora é colocar a mão na massa, ou melhor, na tinta, e liberar o MICHELANGELO que existe dentro de você.

Sei que há muitas outras áreas de uma casa que necessitam de cuidados, mas creio que essas dicas, por menores que sejam, podem ajudá-lo a cuidar melhor de sua casa e também conquistar a admiração e orgulho de sua esposa.

O importante é que você, mesmo que não tenha nenhum talento para fazer qualquer tipo de manutenção dentro de casa, e é preciso dizer que isto não é pecado, tenha, porém, a iniciativa de providenciar imediatamente a contratação de um profissional para realizar o devido reparo.

Não tenha dúvida de que a sua esposa também ficará orgulhosa do marido que tem por este demonstrar interesse por suas (da esposa) prioridades domésticas.

INFORMAÇÕES SOBRE NOSSAS PUBLICAÇÕES
E ÚLTIMOS LANÇAMENTOS

Cadastre-se no site:

www.editoraagape.com.br

e receba mensalmente nosso boletim eletrônico.